心一堂術數古籍珍本叢刊

書名：甲遁真授秘集（批注本）（上）
系列：心一堂術數古籍珍本叢刊　三式類　奇門遁甲系列　第二輯　228
作者：【清】薛鳳祚撰
主編、責任編輯：陳劍聰
心一堂術數古籍珍本叢刊編校小組：陳劍聰　素聞　梁松盛　鄒偉才　虛白盧主

出版：心一堂有限公司
通訊地址：香港九龍旺角彌敦道六一〇號荷李活商業中心十八樓〇五—〇六室
深港讀者服務中心‧中國深圳市羅湖區立新路六號羅湖商業大廈負一層〇〇八室
電話號碼：(852)67150840
網址：publish.sunyata.cc
電郵：sunyatabook@gmail.com
網店：http://book.sunyata.cc
淘寶店地址：https://shop210782774.taobao.com
微店地址：https://weidian.com/s/1212826297
臉書：https://www.facebook.com/sunyatabook
讀者論壇：http://bbs.sunyata.cc/

版次：二零一六年十月初版
平裝：上下兩冊不分售

定價：人民幣　五百八十元正
港幣　五百八十元正
新台幣　兩千四百八十元正

國際書號：ISBN 978-988-8317-40-0

香港發行：香港聯合書刊物流有限公司
地址：香港新界大埔汀麗路36號中華商務印刷大廈3樓
電話號碼：(852)2150-2100
傳真號碼：(852)2407-3062
電郵：info@suplogistics.com.hk

台灣發行：秀威資訊科技股份有限公司
地址：台灣台北市內湖區瑞光路七十六巷六十五號一樓
電話號碼：+886-2-2796-3638
傳真號碼：+886-2-2796-1377
網絡書店：www.bodbooks.com.tw
台灣國家書店讀者服務中心：
地址：台灣台北市中山區松江路二〇九號一樓
電話號碼：+886-2-2518-0207
傳真號碼：+886-2-2518-0778
網絡書店：http://www.govbooks.com.tw

中國大陸發行　零售：深圳心一堂文化傳播有限公司
深圳地址：深圳市羅湖區立新路六號羅湖商業大廈負一層〇〇八室
電話號碼：(86)0755-82224934

心一堂微店二維碼

心一堂淘寶店二維碼

心一堂術數古籍珍本叢刊 整理 總序

術數定義

術數，大概可謂以「推算（推演）、預測人（個人、群體、國家等）、事、物、自然現象、時間、空間方位等規律及氣數，並或通過種種『方術』，從而達致趨吉避凶或某種特定目的」之知識體系和方法。

術數類別

我國術數的內容類別，歷代不盡相同，例如《漢書・藝文志》中載，漢代術數有六類：天文、曆譜、五行、蓍龜、雜占、形法。至清代《四庫全書》，術數類則有：數學、占候、相宅相墓、占卜、命書、相書、陰陽五行、雜技術等，其他如《後漢書・方術部》、《藝文類聚・方術部》、《太平御覽・方術部》等，對於術數的分類，皆有差異。古代多把天文、曆譜、及部分數學均歸入術數類，而民間流行亦視傳統醫學作為術數的一環；此外，有些術數與宗教中的方術亦往往難以分開。現代民間則常將各種術數歸納為五大類別：命、卜、相、醫、山，通稱「五術」。

本叢刊在《四庫全書》的分類基礎上，將術數分為九大類別：占筮、星命、相術、堪輿、選擇、三式、讖諱、理數（陰陽五行）、雜術（其他）。而未收天文、曆譜、算術、宗教方術、醫學。

術數思想與發展——從術到學，乃至合道

我國術數是由上古的占星、卜筮、形法等術發展下來的。其中卜筮之術，是歷經夏商周三代而通過「龜卜、蓍筮」得出卜（筮）辭的一種預測（吉凶成敗）術，之後歸納並結集成書，此即現傳之《易

經》。經過春秋戰國至秦漢之際，受到當時諸子百家的影響、儒家的推崇，遂有《易傳》等的出現，原本是卜筮術書的《易經》，被提升及解讀成有包涵「天地之道（理）」之學。因此，《易・繫辭傳》曰：「易與天地準，故能彌綸天地之道。」

漢代以後，易學中的陰陽學說，與五行、九宮、干支、氣運、災變、律曆、卦氣、讖緯、天人感應說等相結合，形成易學中象數系統。而其他原與《易經》本來沒有關係的術數，如占星、形法、選擇，亦漸漸以易理（象數學說）為依歸。《四庫全書・易類小序》云：「術數之興，多在秦漢以後。要其旨，不出乎陰陽五行，生尅制化。實皆《易》之支派，傳以雜說耳。」至此，術數可謂已由「術」發展成「學」。

及至宋代，術數理論與理學中的河圖洛書、太極圖、邵雍先天之學及皇極經世等學說給合，通過術數以演繹理學中「天地中有一太極，萬物中各有一太極」（《朱子語類》）的思想。術數理論不單已發展至十分成熟，而且也從其學理中衍生一些新的方法或理論，如《梅花易數》、《河洛理數》等。

在傳統上，術數功能往往不止於僅僅作為趨吉避凶的方術，及「能彌綸天地之道」的學問，亦有其「修心養性」的功能，「與道合一」（修道）的內涵。《素問・上古天真論》：「上古之人，其知道者，法於陰陽，和於術數。」數之意義，不單是外在的算數、歷數、氣數，而是與理學中同等的「道」、「理」︰心性的功能，北宋理氣家邵雍對此多有發揮：「聖人之心，是亦數也」、「萬化萬事生乎心」、「心為太極」。《觀物外篇》：「先天之學，心法也。……蓋天地萬物之理，盡在其中矣，心一而不分，則能應萬物。」反過來說，宋代的術數理論，受到當時理學、佛道及宋易影響，認為心性本質上是等同天地之太極。天地萬物氣數規律，能通過內觀自心而有所感知，即是內心也已具備有術數的推演及預測、感知能力；相傳是邵雍所創之《梅花易數》，便是在這樣的背景下誕生。

《易・文言傳》已有「積善之家，必有餘慶；積不善之家，必有餘殃」之說，至漢代流行的災變說及讖緯說，我國數千年來都認為天災，異常天象（自然現象），皆與一國或一地的施政者失德有關；下至家族、個人之盛衰，也都與一族一人之德行修養有關。因此，我國術數中除了吉凶盛衰理數之外，人心的德行修養，也是趨吉避凶的一個關鍵因素。

術數與宗教、修道

在這種思想之下，我國術數不單只是附屬於巫術或宗教行為的方術，又往往是一種宗教的修煉手段──通過術數，以知陰陽，乃至合陰陽（道）。「其知道者，法於陰陽，和於術數。」例如，「奇門遁甲」術中，即分為「術奇門」與「法奇門」兩大類。「法奇門」中有大量道教中符籙、手印、存想、內煉的內容，是道教內丹外法的一種重要外法修煉體系。甚至在雷法一系的修煉上，亦大量應用了術數內容。此外，相術、堪輿術中也有修煉望氣（氣的形狀、顏色）的方法；堪輿家除了選擇陰陽宅之吉凶外，也有道教中選擇適合修道環境（法、財、侶、地中的地）的方法，以至通過堪輿術觀察天地山川陰陽之氣，亦成為領悟陰陽金丹大道的一途。

易學體系以外的術數與的少數民族的術數

我國術數中，也有不用或不全用易理作為其理論依據的，如揚雄的《太玄》、司馬光的《潛虛》。也有一些占卜法、雜術不屬於《易經》系統，不過對後世影響較少而已。

外來宗教及少數民族中也有不少雖受漢文化影響（如陰陽、五行、二十八宿等學說。）但仍自成系統的術數，如古代的西夏、突厥、吐魯番等占卜及星占術，藏族中有多種藏傳佛教占卜術、苯教占卜術、擇吉術、推命術、相術等；北方少數民族有薩滿教占卜術；不少少數民族如水族、白族、布朗族、佤族、彝族、苗族等，皆有占雞（卦）草卜、雞蛋卜等術，納西族的占星術、占卜術，彝族畢摩的推命術、占卜術……等等，都是屬於《易經》體系以外的術數。相對上，外國傳入的術數以及其理論，對我國術數影響更大。

曆法、推步術與外來術數的影響

我國的術數與曆法的關係非常緊密。早期的術數中，很多是利用星宿或星宿組合的位置（如某星在某州或某宮某度）付予某種吉凶意義，并據之以推演，例如歲星（木星）、月將（某月太陽所躔之宮次）等。不過，由於不同的古代曆法推步的誤差及歲差的問題，若干年後，其術數所用之星辰的位置，已與真實星辰的位置不一樣了；此如歲星（木星），早期的曆法及術數以十二年為一周期（以應地支），與木星真實周期十一點八六年，每幾十年便錯一宮。後來術家又設一「太歲」的假想星體來解決，是歲星運行的相反，週期亦剛好是十二年。而術數中的神煞，很多即是根據太歲的位置而定。又如六壬術中的「月將」，原是立春節氣後太陽躔娵訾之次而稱作「登明亥將」，至宋代，因歲差的關係，要到雨水節氣後太陽才躔娵訾之次，當時沈括提出了修正，但明清時六壬術中「月將」仍然沿用宋代沈括修正的起法沒有再修正。

由於以真實星象周期的推步術是非常繁複，而且古代星象推步術本身亦有不少誤差，大多數術數除依曆書保留了太陽（節氣）、太陰（月相）的簡單宮次計算外，漸漸形成根據干支、日月等的各自起例，以起出其他具有不同含義的眾多假想星象及神煞系統。唐宋以後，我國絕大部分術數都主要沿用這一系統，也出現了不少完全脫離真實星象的術數，如《子平術》、《紫微斗數》、《鐵版神數》等。後來就連一些利用真實星辰位置的術數，如《七政四餘術》及選擇法中的《天星選擇》，也已與假想星象及神煞混合而使用了。

隨着古代外國曆（推步）、術數的傳入，如唐代傳入的印度曆法及術數，元代傳入的回回曆等，其中我國占星術便吸收了印度占星術中羅睺星、計都星等而形成四餘星，又通過阿拉伯占星術而吸收了其中來自希臘、巴比倫占星術的黄道十二宮、四大（四元素）學說（地、水、火、風），並與我國傳統的二十八宿、五行說、神煞系統並存而形成《七政四餘術》。此外，一些術數中的北斗星名，不用我國傳統的星名：天樞、天璇、天璣、天權、玉衡、開陽、搖光，而是使用來自印度梵文所譯的：貪狼、巨門、祿存、文曲，廉貞、武曲、破軍等，此明顯是受到唐代從印度傳入的曆法及占星術所影響。如星命術中的《紫微斗數》及堪輿術中的《撼龍經》等文獻中，其星皆用印度譯名。及至清初《時憲曆》，置閏之法則改用西法「定氣」。清代以後的術數，又作過不少的調整。

此外，我國相術中的面相術、手相術，唐宋之際受印度相術影響頗大，至民國初年，又通過翻譯歐西、日本的相術書籍而大量吸收歐西相術的內容，形成了現代我國坊間流行的新式相術。

陰陽學——術數在古代、官方管理及外國的影響

術數在古代社會中一直扮演着一個非常重要的角色，影響層面不單只是某一階層、某一職業、某一年齡的人，而是上自帝王，下至普通百姓，從出生到死亡，不論是生活上的小事如洗髮、出行等，大事如建房、入伙、出兵等，從個人、家族以至國家，從天文、氣象、地理到人事、軍事，從民俗、學術到宗教，都離不開術數的應用。我國最晚在唐代開始，已把以上術數之學，稱作陰陽（學），行術數者稱陰陽人。（敦煌文書、斯四三二七唐《師師漫語話》：「以下說陰陽人謾語話」，此說法後來傳入日本，今日本人稱行術數者為「陰陽師」）。一直到了清末，欽天監中負責陰陽術數的官員中，以及民間術數之士，仍名陰陽生。

古代政府的中欽天監（司天監），除了負責天文、曆法、輿地之外，亦精通其他如星占、選擇、堪輿等術數，除在皇室人員及朝庭中應用外，也定期頒行日書、修定術數，使民間對於天文、日曆用事吉凶及使用其他術數時，有所依從。

我國古代政府對官方及民間陰陽學及陰陽官員，從其內容、人員的選拔、培訓、認證、考核、律法監管等，都有制度。至明清兩代，其制度更為完善、嚴格。

宋代官學之中，課程中已有陰陽學及其考試的內容。（宋徽宗崇寧三年〔一一零四年〕崇寧算學令：「諸學生習……並曆算、三式、天文書。」「諸試……三式即射覆及預占三日陰陽風雨。天文即預

定一月或一季分野災祥，並以依經備草合問為通。」

金代司天臺，從民間「草澤人」（即民間習術數人士）考試選拔：「其試之制，以《宣明曆》試推步，及《婚書》、《地理新書》試合婚、安葬，並《易》筮法，六壬課、三命、五星之術。」（《金史》卷五十一・志第三十二・選舉一）

元代為進一步加強官方陰陽學對民間的影響、管理、控制及培育，除沿襲宋代、金代在司天監掌管陰陽學及中央的官學陰陽學課程之外，更在地方上增設陰陽學課程（《元史・選舉志一》：「世祖至元二十八年夏六月始置諸路陰陽學。」）地方上也設陰陽學教授員，培育及管轄地方陰陽人。（《元史・選舉志一》：「（元仁宗）延祐初，令陰陽人依儒醫例，於路、府、州設教授員，凡陰陽人皆管轄之，而上屬於太史焉。」）自此，民間的陰陽術士（陰陽人），被納入官方的管轄之下。

至明清兩代，陰陽學制度更為完善。中央欽天監掌管陰陽學，明代地方縣設陰陽學正術，各州設陰陽學典術，各縣設陰陽學訓術。陰陽人從地方陰陽學肆業或被選拔出來後，再送到欽天監考試。（《大明會典》卷二二三：「凡天下府州縣舉到陰陽人堪任正術等官者，俱從吏部送（欽天監），考中，送回選用；不中者發回原籍為民，原保官吏治罪。」）清代大致沿用明制，凡陰陽術數之流，悉歸中央欽天監及地方陰陽官員管理、培訓、認證。至今尚有「紹興府陰陽印」、「東光縣陰陽學記」等明代銅印，及某某縣某某之清代陰陽執照等傳世。

清代欽天監漏刻科對官員要求甚為嚴格。《大清會典》「國子監」規定：「凡算學之教，設肄業生。滿洲十有二人，蒙古、漢軍各六人，於各旗官學內考取。漢十有二人，於舉人、貢監生童內考取。附學生二十四人，由欽天監選送。教以天文演算法諸書，五年學業有成，舉人引見以欽天監博士用，貢監生童以天文生補用。」學生在官學肄業、貢監生肄業或考得舉人後，經過了五年對天文、算法、陰陽學的學習，其中精通陰陽術數者，會送往漏刻科。而在欽天監供職的官員，《大清會典則例》「欽天監」規定：「本監官生三年考核一次，術業精通者，保題升用。不及者，停其升轉，再加學習。如能黽勉供職，即予開復。仍不及者，降職一等，再令學習三年，能習熟者，准予開復，仍不能者，黜退。」除定期考核以定其升用降職外，《大清律例》中對陰陽術士不準確的推斷（妄言禍福）是要治罪的。《大清律例・一七八・術七・妄言禍福》：「凡陰陽術士，不許於大小文武官員之家妄言禍福，違者杖一百。其依經推算星命卜課，不在禁限。」大小文武官員延請的陰陽術士，自然是以欽天監漏刻科官員或地方陰陽官員為主。

官方陰陽學制度也影響鄰國如朝鮮、日本、越南等地，一直到了民國時期，鄰國仍然沿用着我國的多種術數。而我國的漢族術數，在古代甚至影響遍及西夏、突厥、吐蕃、阿拉伯、印度、東南亞諸國。

術數研究

術數在我國古代社會雖然影響深遠，「是傳統中國理念中的一門科學，從傳統的陰陽、五行、九宮、八卦、河圖、洛書等觀念作大自然的研究。……傳統中國的天文學、數學、煉丹術等，要到上世紀中葉始受世界學者肯定。可是，術數還未受到應得的注意。術數在傳統中國科技史、思想史，文化史、社會史，甚至軍事史都有一定的影響。……更進一步了解術數，我們將更能了解中國歷史的全貌。」（何丙郁《術數、天文與醫學中國科技史的新視野》，香港城市大學中國文化中心。）

可是術數至今一直不受正統學界所重視，加上術家藏秘自珍，又揚言天機不可洩漏，「（術數）乃吾國科學與哲學融貫而成一種學說，數千年來傳衍嬗變，或隱或現，全賴一二有心人為之繼續維繫，賴以不絕，其中確有學術上研究之價值，非徒癡人說夢，荒誕不經之謂也。其所以至今不能在科學中成立一種地位者，實有數因。蓋古代士大夫階級目醫卜星相為九流之學，多恥道之；而發明諸大師又故為惝恍迷離之辭，以待後人探索；間有一二賢者有所發明，亦秘莫如深，既恐洩天地之秘，復恐譏為旁門左道，始終不肯公開研究，成立一有系統說明之書籍，貽之後世。故居今日而欲研究此種學術，實一極困難之事。」（民國徐樂吾《子平真詮評註》，方重審序）

現存的術數古籍，除極少數是唐、宋、元的版本外，絕大多數是明、清兩代的版本。其內容也主要是明、清兩代流行的術數，唐宋或以前的術數及其書籍，大部分均已失傳，只能從史料記載、出土文獻、敦煌遺書中稍窺一鱗半爪。

術數版本

坊間術數古籍版本，大多是晚清書坊之翻刻本及民國書賈之重排本，其中豕亥魚魯，或任意增刪，往往文意全非，以至不能卒讀。現今不論是術數愛好者，還是民俗、史學、社會、文化、版本等學術研究者，要想得一常見術數書籍的善本、原版，已經非常困難，更遑論如稿本、鈔本、孤本等珍稀版本。在文獻不足及缺乏善本的情況下，要想對術數的源流、理法、及其影響，作全面深入的研究，幾不可能。

有見及此，本叢刊編校小組經多年努力及多方協助，在海內外搜羅了二十世紀六十年代以前漢文為主的術數類善本、珍本、鈔本、孤本、稿本、批校本等數百種，精選出其中最佳版本，分別輯入兩個系列：

一、心一堂術數古籍珍本叢刊

二、心一堂術數古籍整理叢刊

前者以最新數碼（數位）技術清理、修復珍本原本的版面，更正明顯的錯訛，部分善本更以原色彩色精印，務求更勝原本。并以每百多種珍本、一百二十冊為一輯，分輯出版，以饗讀者。

後者延請、稿約有關專家、學者，以善本、珍本等作底本，參以其他版本，古籍進行審定、校勘、注釋，務求打造一最善版本，方便現代人閱讀、理解、研究等之用。

限於編校小組的水平，版本選擇及考證、文字修正、提要內容等方面，恐有疏漏及舛誤之處，懇請方家不吝指正。

心一堂術數古籍珍本/整理叢刊編校小組

二零零九年七月序

二零一四年九月第三次修訂

禮部

全部六本

甲遁真授秘集

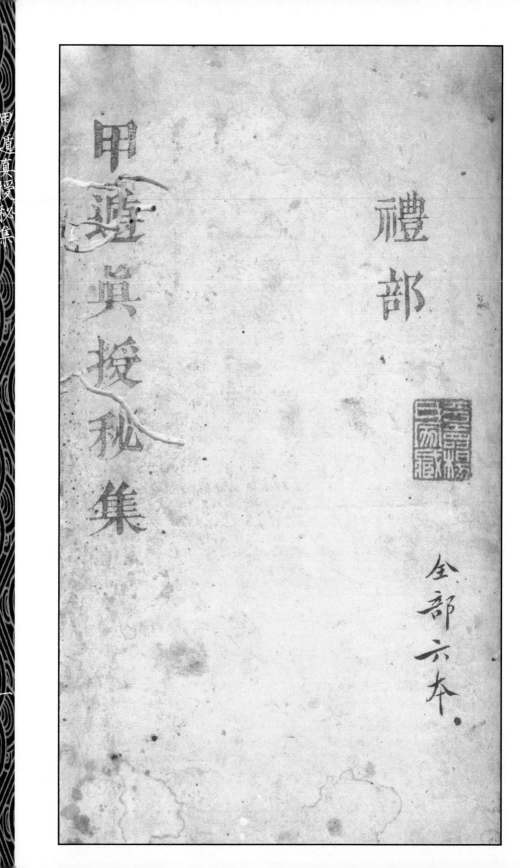

青齊薛氏真授秘集

子房授書於圯上老人見留侯論

序

甲遁久成絕學矣生不逢圯上之老人復不獲遺枕於子房學無師承書無善本而欲於諸說紛紜之會上窺本原去僞存眞折衷一是以立準的蓋其難之吾鄉薛儀甫先生生當明季嘗與梅定九瑪竇琍諸君子講學白下所著曆學會通諸書皆深得古人精藴是書獨無刊本流傳日久幾至盡成魚魯爰爲繹其義理參其筭畵加以積算正其訛存其疑命工人聚字印之

以傳於世非郎以是爲善本庶幾良工苦心不
至盡墜此亦後死者責也先生如可作也竊願
爲之納履矣
咸豐二年壬子九月立冬日花雨書巢主人識
於古平西之問鶴園中

傳畧　　青州府誌

薛鳳祚字儀甫益都人明諸生好學力行師定興鹿洎順容城孫啟泰合梓其書名曰聖學心傳尤留心經濟凡兵法水利占候風角諸書皆有撰著指畫明確而尤精於天文所著有曆學會通八十卷卒祠鄉賢

八卦方位之圖

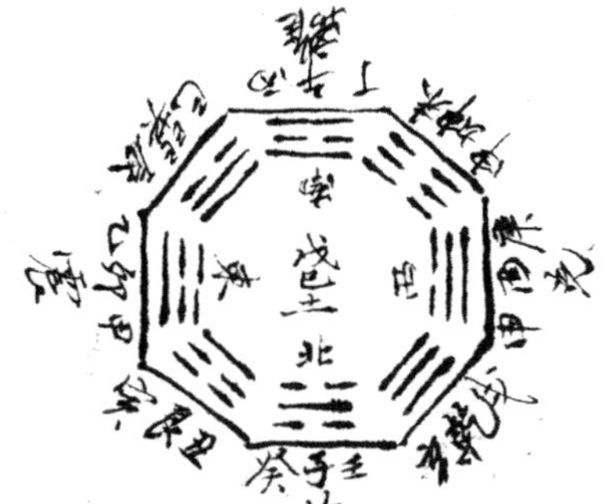

甲遁真授秘集總目錄

禮部

八門廹制和義　死門所忌
三甲及刑德開闔　亭亭白奸
直神　寶和義制伐
遊三避五　三門四戶
地私門　太衝天馬
天遁　地遁
人遁　神遁
鬼遁　風遁
雲遁　龍遁
虎遁　三祚

釋五勝

三奇得使

玉女守門

青龍返首

六儀擊刑

反吟伏吟

庚丙刑破

五陽時

天輔時

五不遇時

釋六假

三奇遊六儀

朱鳥迭穴

二吉四凶

奇墓奇制

勃格飛伏

龍虎蛇雀熒白六制

五陰時

五合時

天綱時

占婚姻　占麟孕
占疾病　占走失追亡捕盜
占詞訟　占人品
蓍部
甲子戊儀　甲戌己儀
甲申庚儀
數部
甲午辛儀　甲辰壬儀
甲寅癸儀
甲遁真授秘集目錄終

甲遁眞授秘集

禮部目錄

釋五勝
三奇得使
玉女守門
青龍返首
六儀擊刑
反吟伏吟
庚丙刑破
五陽時
天輔時
五不遇時

釋六假
三奇遊六儀
朱鳥迭穴
二吉四凶
奇墓奇制
勃格飛伏
龍虎蛇雀熒白六制
五陰時
五合時
天綱時

八神
地將

天將陰陽干支所屬
十干門戶神名

先天八卦

坤巽離兌此順而生往之序也
乾震坎艮此逆而生來之序也

甲遁眞授秘集 禮

青齊薛鳳祚儀甫氏叅著

奇門說

奇門之學肇自軒轅氏。盖出於伏羲先天八卦圖也。先天八卦乾居南坤居北。而天地定位。夫然物生於地。故畫卦自下而上。地氣不上升則天氣不下降而萬物不萌。故自坤而發始生之機焉。坤一索而生長女巽。再索而生中女離。三索而生少女兌。此順而生往之序也。乾一索而生長男震。再索而生中男坎。三索而生少男艮。此逆而生來之序也。是以洛書本之以正北爲一。西南爲二。正東爲三。東南爲四。正南爲九。東北爲八。正西爲七西北爲六而中則五所以爲土也夏之連山因之而首艮艮爲少陽能成終始者也商之歸藏因之而首坤坤爲老陰萬物之母皆也是以奇門因之而作矣年奇起艮而月從之日奇起坤而時從之俯仰陰陽之理觀察動靜之情以一陽生於冬至陰極之時一陰生於夏至陽極之際故以冬至起於坤夏至起於乾立春起於震一陽動於下也春分起於離一陰合於中也立夏起於兌一陰止於上也立秋起於巽一陰萌於下也秋分起於坎一陽蓄於中也立冬起於艮一陽蓋於上也自坤而兌以行東部之生氣而隸於北自乾而艮以行西部之殺氣而隸於南一年分八部一部三氣一氣三元一元五日一日十二時

九為數之終

後天坎位即先天坤後天離即先天乾餘倣此

一時爲一局共得四千三百二十局爲一期之數此軒轅之始制也一節三氣一氣四十五局歲二十四氣共得一千零八十局此風后約黃帝四局爲一局也及太公呂望遵周易後天之制以冬至生於一一數之始也夏至生於九九數之終也故冬至甲子起於坎夏至甲子起於離立春艮春分震立夏巽順行陽氣而履於左立秋坤秋分兌立冬乾逆行陰氣而戴於右此後天八卦而旋轉實未更乎先天也一節三氣一氣三候一候爲一局九局爲一卦八卦合得七十二局爲一歲之候此太公約風后十五局爲一局也至漢留候從而演之八節分二至二至分陰陽陽統十二氣順行九宮陰統十二氣逆行九宮一宮

四元一元六十時四元得二百四十時爲一局歲四千三百二十時爲十八局此子房約太公四局爲一局也後世不得其源泥於後天卦位妄疑非軒轅所作殊不知卦有先天後天之不同所用之法一也何也後天坎實先天坤位坎得坤體而得乾之中爻故代坤而居北後天離實先天乾位離得乾體而得坤之中爻故代乾而居南坎離得天地之正氣得乾坤之中爻故乾坤退而坎離進耳蓋黃帝風后之局正法也太公留候之局捷法也太公立局在文王演易之後故數用洛書而卦用周易用周易者遵本朝也遵本朝即遵甲之意也留候合太公之局不得不從後天方位以先天用卦爻隱後天用洛書數顯其理

實一而順逆八節原無分也年奇從艮一年一宮須用神煞之方兼看六十四卦所值一千九百二十而一周五千七百六十爲一會月期建箕而起震一月一宮更看二十八宿所隸一千二百六十月年一百零五爲一會月奇起坤而門三日一易亦兼看二十八宿所值二千五百二十日年七越而一會時奇日分順逆亦起乎坤四千三百二十時而一周以甲子巳卯甲午己酉四元乘之得一萬七千二百八十而一會此皆因先天卦位而言也

休門管一

休休讀書　休死脫貨　休傷進學　休杜贖案

休開終身　休驚招贅　休生登第　休景請會

死門管二
傷門管三
杜門管四
開門管六
驚門管七

死死置產　死傷遷移　死杜覩病　死開妻病
死驚敗病　死生探親　死景分家　死休自病
傷傷討欠　傷杜求財　傷開借代　傷驚販貨
傷生開店　傷景賣業　傷休放賬　傷死風水
杜杜鄉會　杜開秋成　杜驚謀館　杜生問子
杜景出行　杜休搖會　杜死承繼　杜傷口舌
開開升遷　開驚救解　開生謁貴　開景告狀
開休起造　開死買賣　開傷賊病　開杜訴狀
驚驚討妾　驚生尋人　驚景授納　驚休和爭
驚死婚姻　驚傷孕育　驚杜交易　驚開謀望

生門管八

生生合夥　生景家信　生休醫卜　生死進爵

生傷謀差　生杜赴任　生開家宅　生驚討[illegible]

景門管九

景景代問　景休行人　景死失物　景傷走失

景杜學藝　景開趨應　景驚比較　景生舟車

烟波釣叟歌

軒轅據易爲奇門。冬至一起先天坤。時當四千三百二。一局一時廿四元。風后約爲千八十。太公刪成七十二。留侯佐漢談秘文。十八局頭實精義。圖按井田分九宮。縱橫十五數皆同。八卦八宮爲八節。一氣三元上下中。陰陽二遁分順逆。二至須知九與一。五日都來換一元。當識超神共接氣。超得餘時知閏奇。惟

九宮逢甲直符●
容釋陽局八式 曰日中
釋时奇又曰天盤
日甲儀號星符
旋五日六十时一时
●陽一宮
直符加于直使加
支俱以二至分順逆
冬至後一二三四宮
順六七八九宮逆夏
至後九八七六宮逆
四三二一宮順五寄
寄宮春艮夏巽

將種蛩疊成之。隸分卦宿驗吉凶。數知進退莫須離。認取九宮爲九星。八門時逐九宮行。九宮逢甲直符定。八門吉使開休生、●符上之門爲直使。十干一易直堪據。直符常以加時干。直使常加時到處。六甲既遁六儀名。三奇郎是乙丙丁。陽遁順儀奇逆布。陰遁逆儀奇順行。吉門若偶合三奇。此際須知百事宜。更合從傍加檢點。餘宮愼勿有微疵。三奇得使誠堪取。六甲遇之非小補。乙逢犬馬丙鼠猴。六丁玉女騎龍虎。號爲三奇遊六儀。又有玉女守門時。若作陰私和合事。許君但向此中推。天三門兮地四戶。問君此法知何處。太冲小吉與從魁。此是天門私出路。除危定開之凶辰。乃是逃亡之地戶。六合太常與太陰。三辰亦

私坤至乾
八神、大乙螣蛇太陰
六合朱雀白虎九地
九天、天乙同直符加
時干上起宮分順遁
遁布九宮

是地私門。星使若逢奇共到。出師百勝獲全城。太衝天馬房星位。卒然遇難何逃避。但當卯下潛其踪。劍戟如山不足畏。三爲生氣五爲死。盛在三兮衰在五。能識遊三避五時。造化眞機須記取。就中伏吟爲最凶。天蓬加着地天蓬。天蓬若到天英上。須知郎是反吟宮。八門反伏皆如此。生在生兮死在死。縱逢吉宿門與奇。百事俱凶不堪使。六儀擊刑非是冲。甲子直符愁向東。戌刑在未申乾上。寅居巽位挫其鋒。甲辰甲午自刑是。天輔天英賴可通。日辰入墓好詳之。乙日那堪得未時。三奇入墓亦如是。斯時百事不須爲。倘得白星來會合。此宮不作墓凶推。復有時干入墓凶。課中時下忌相逢。木墓於未火墓戌。金墓丑兮水

辰宮。土相爲墓觀生氣。推至九宮爲墓位。五不遇時甲遇庚。時
干尅日氣爲晦。奇與門癸共太陰。三吉難逢。共加臨符使卦爻、
俱遇吉。兵來用事是師貞。天乙之貴。所在地大將宜居擊冲位。
亭亭白奸姦赤同。魏武用兵常占此。甲乙丙丁戊陽時。神居天
上要君知。偏宜爲客須先舉。若遇爲主遐陰時。天乙眞符時干
是。前三六合蛇陰繼、後一之宮爲九天。後二之宮爲九地。九天
之上利揚兵。九地之下堪立營。設伏太陰神是主。六合須知可
遁形。其中九遁人當識。開門合丙離宮立。丙奇合景到乾宮。皆
爲天遁非廹制。九地乙奇加坎宮。或合休門臨坤地。是爲地遁
利藏兵。安營立寨無過此。丁奇生門到震宮。或合太陰臨艮。同

俱為八遁利招隱。求賢和敵得其功。丙奇丁奇合九天。或合景門下臨乾。此為神遁宜閉戌。兵家作用此為先。死門臨艮鬼遁是。或合戊己二儀至。或同九地加八宮。其下潛蹤設伏處。九天會休登天門。或合乙奇臨八生。斯為雲遁行軍貴。其方之下可揚兵。丁奇白虎巽宮。會風遁師貞利為客。乙奇會休一六宮。龍遁開帆水戰利。六辛合生臨巽輔。虎遁藏機利為主。六庚加丙白入熒。六丙加庚反其類。白入熒兮賊必來。熒入白兮賊必去。六丙為勃庚為格。勃亂逆兮格關塞。丙加庚兮為勃飛。庚加丙兮為勃伏庚加日甲為伏干。日甲加庚飛干格。歲月日時中兩庚其中多類可詳行。甲加庚兮庚加甲。庚臨丙兮丙臨庚。飛干伏干前已悉日時年月亦同論其間三格爲最忌須知三奇怕見庚庚丙相加爲賊格丁庚相宥破格內乙庚互加合格眞此時忌進利於退所爲六庚加三奇若還攻戰應輿尸丙加日甲鳥跌穴甲辰加丙龍回首吉莫吉於此二神事常如意十八九六癸加丁蛇夭矯六丁加癸雀投江六乙加辛龍逃走六辛加乙虎猖狂凶莫凶於此四格百事逢之實不良吉門最喜生開休諸事當爲此地遊傷宜漁獵杜潛蹤景上逢奇利獻投驚堪覓隱捕逃亡死門掩骨及刑囚蓬任衝輔禽陽星英芮柱心陰宿名輔禽心星爲上吉冲任小吉未全亨蓬芮爲凶不堪使小凶英柱不精明凶星無氣反成吉吉宿逢衰莫可憑吉當旺相

功十倍。凶當旺相時不利。蓬居坎水芮土坤。以炎相求辨五行。喜生畏尅。須詳省旺相休囚看重輕。急則從神緩從門。三五反復天道亨。宮制其門門是迫。門制其宮宮是迫。天綱四張格最凶。甲寅虛符時。癸亥五癸推。名天綱時。綱有高低有密稀。此時乃是伏吟。門遯跡須從癸下行。其中最吉天輔時。斧鉞在前猶赦之。若合三奇天乙到。從斯長往不須疑。

尋源歌

宓羲畫卦陰陽分。仰觀俯察龍馬形。

包羲氏見陰陽消長。以畫卦陰陽中各有一陰一陽。故自一而六十四。乾六爻皆言龍。坤六爻皆言馬。故言龍馬。所謂龍馬負圖。

乾坤順逆生錯綜。軒轅因制爲奇門。

錯者一左一右也。綜者一上一下也。乾逆來生震坎艮坤順往生巽離兌。乾體純陽而剛。故逆。坤體純陰而柔。故順。

干支相宕有開闔。厥旨精微義最深。

十干加於十二支上。回旋五次。以成六十甲子之數。十干而反爲六甲六丙六戊六庚六壬六乙六丁六已六辛六癸。十二支而反爲五子五丑五寅五卯五辰五巳五午五未五申五酉五戌五亥。故曰相宕。開闔者陰陽也。甲丙戊庚壬爲陽。爲開。乙丁己辛癸爲陰。爲闔。

甲為十干之長
乙為甲之妹
丙為甲之子
丁為甲之女
甲以乙妹妻
於庚

甲長十干畏庚尅。

甲爲十干之長。而畏庚金之尅。庚陽金。甲陽木。所以不畏辛
而畏庚也。

故將乙妹妻於庚。丙爲甲子。丁甲女。

乙陰木也。故曰妹。乙與庚合。故曰妻。金尅木。我尅彼者爲妻。
丙丁火爲木之子。丁陰火也。故言女。

丁丙同心禦外侮。庚有私謀乙輙知。丙丁傍伺猛如虎。庚貪愛

制甲方尊是奇名。爲乙丙丁。

乙丁丙爲三奇也。

甲既制庚求自逸。休於水地適開生。

門曰直使隨日旬所主

星曰直符亦隨日旬頭所主

休死傷杜開驚生景爲八門。水坎北方。先天坤地。故曰水地。

休門在坎。以次順排。

開休生對杜景死傷與驚兮皆有悔。三門最吉五門凶。

三門三白方也。

各隨甲直旬中使。

門爲直使隨日旬所主。

又有九星蓬芮冲輔禽心柱任英。從星逢甲作直符。用亦與門之直使同。

星爲直符亦隨日旬頭所主。

星符門使同宮起。易一時兮郎分矣。符從甲去尋時干。使覓時

六甲宮中索遁支

直符、螣蛇、太陰、六合、朱雀、白虎、九地、九天、

支遁處止時干郎是奇與儀六甲宮中索遁支奇乙丙丁儀戊己庚辛壬癸次相推甲子在戊甲戌己甲申同庚甲寅癸甲午居辛甲辰壬是爲甲遁儀之理甲遁常將天乙乘後隨天地前蛇陰白虎朱雀九地後六合陰前入貴神

天乙隨六甲加時干是以名直符其前後之說乃宮之前後非挾臨之前後也直符、蛇、陰、六合、朱、白、九地、九天照順逆飛遁陰陽二至分順逆逆起九宮順起值星也冬至以後一二三四宮順六七八九宮逆夏至後九八七六逆四三二一順五看寄宮竟去中宮不臨

假如冬至甲子日壬申時是日壬在中宮寄乾郎從乾上起

天乙。四宮螣蛇。三宮太陰。二宮六合。一宮朱雀。九宮白虎。八宮九地。七宮九天。此冬至後六七八九宮逆行例也。

此是先天透洛書。莫要疑非黃帝秘。洛書一坎二居坤三震四巽六乾金七。兌八艮九離火。五土春秋冬夏分。立春艮土立夏巽。震應春分生氣盛。立秋坤上立冬乾。兌應秋分殺氣勁。生殺東西兩部懸。節分三氣氣三元。元元五日以相換。甲己符頭以仲先。仲先仲上孟中季下局。

甲子己卯甲午己酉為上局。甲寅己巳甲申己亥為中局。甲辰己未甲戌己丑為下局。

上中下序周而復。只將正受作根基。起得餘時置閏宜。

甲子日甲子時交節氣。爲正受。置閏須於二至前。種重用巽雪重乾。凡餘九日與十日。疊作三元此秘傳。

置閏在芒種大雪之後。二至之前。

置閏符頭常後氣。是爲接氣。君須記。接至十三四日餘。又逢正受超神繼超神。之氣後符頭如此循環始。後周認取斯爲尊甲法。勿膠折補謬搜求。須知尊甲遇符使。休使蓬符居坎水。任生艮土震冲傷。巽藏杜輔宮名四。英景九宮是南離。坤芮門當死自隨。柱驚七兌開心六。中五禽符寄四維。奇儀入局節爲據。日有陰陽分兩部。陰局逆儀奇順行。陽局順儀奇逆布。天盤地盤

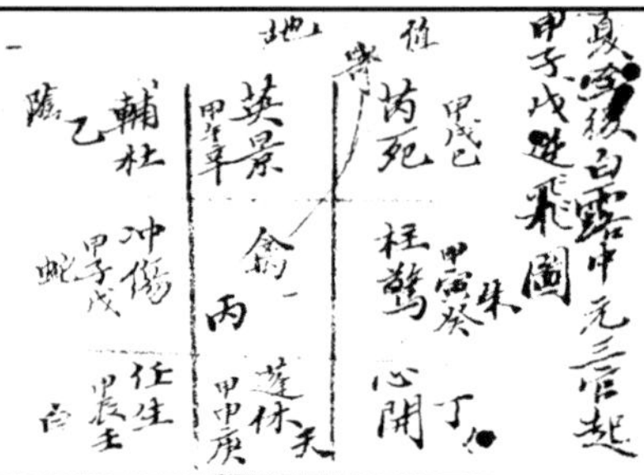

同一規。地盤永定天盤移。八門八貴有分別。門作人盤貴獨飛。
假令中元用白露陰起三宮甲子戊己庚辛壬癸逆行乙丙丁、
奇四五六。日當甲子時丙寅支遁於蓬干在禽。天冲臨丙寄坤
位。坎加直使是傷門。地盤乙奇原到巽。天盤復見乙奇臨離。然
奇合防驚杜。惟喜陰私見太陰。舉此一局餘應曉。俱悉書中不
書陳。

白露中元三宮起。戊逆飛。丙寅時干在五宮。立秋後皆寄坤。
坤二宮。是以順飛。時支又在坎一宮。是以亦順飛。其日其時
死門九地天任壬儀。俱臨地盤離九宮。

釋河圖

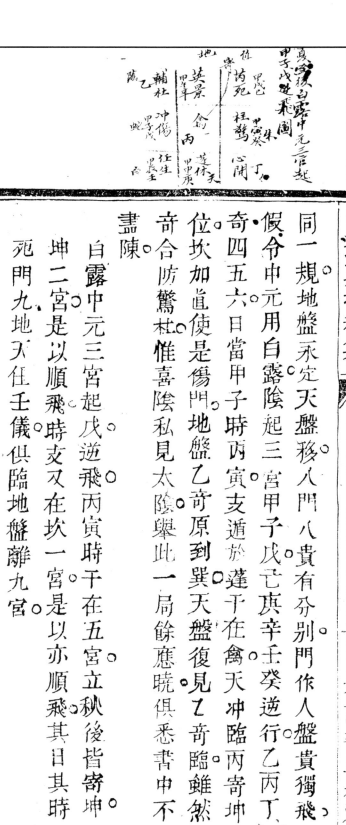

天一生水。地六成之。地二生火。天七成之。天三生木。地八成之。地四生金。天九成之。天五生土。地十成之。所謂陽奇陰偶。五行各依其生。天數五。地數五。五五二十五。郎成五十有五。五中數也亦天道。

釋洛書

戴九履一。左三右七。二四為肩。六八為足。五居厥中。是為其腹。所以後天本之。為坎一。坤二。震三。巽四。中五。乾六。兌七。艮八。離九。

釋先天卦位

先天之位。對待之體也。乾南。坤北。離東。坎西。兌東南。艮西北。震東北。巽西南。所謂天地定位。山澤通氣。雷風相薄。水火不相射。

釋後天卦位

後天之位。流行之用也。離南坎北。震東兌西。巽東南。艮東北。乾西北。坤西南。即乾坎艮震巽離坤兌。所謂出乎震。齊乎巽。相見乎離。致役乎坤。悅言乎兌。戰乎乾。勞乎坎。成言乎艮。

釋先天干支數位

甲己子午九。乙庚丑未八。丙辛寅申七。丁壬卯酉六。戊癸辰戌五。巳亥单行四。

釋後天干支數位

甲乙寅卯東三八木。丙丁巳午南二七火。庚辛申酉西四九金。

壬癸亥子北一六水。戊己中央辰戌丑未四維五十土。

釋天干地支方位所屬

甲卯乙東木。丙午丁南火。庚酉辛西金。壬子癸北水。戊己中央土。辰巽巳東南土木火。未坤申西南土金。丑艮寅東北土木。戌乾亥西北土金水。

釋後天本先天

先天卦位。乾兌離震居南以東。巽坎艮坤居西以北。後天之卦位。乾坎艮震居東以北。巽離坤兌居西以南。以天分先後似不相關。以卦合陰陽原出扵一。易數之理。奇生而偶成。偶爲靜。偶生而奇成爲動。故偶遷而奇不遷。偶變而奇不變也。河圖之數一六三八奇生而偶成。故水木相生。二七四九偶生而奇成。故火金相尅。相生則靜而安。相尅則動而變。安則不交。變則交。是以四九陟乎南。二七降乎西也。洛書之數。第於金火降陟之際。安其奇而遷其偶。故曰靜則依生而違成。動則依成而違生也。卦畫之理。偶斷而奇連爲象。一生而三極爲數。故陰往而陽來。往順而來逆也。先天之位。坤純陰而生於正北。巽一陰生於西南。離二陰生於正東。兌三陰生於東南。即洛書一二三四。順往之序。乾純陽生於正南。震一陽生於東北。坎二陽生於正西。艮三陽生於西北。即洛書九八七六。逆來之序也。後天之位。第於奇安偶遷之際。循其序而換其象。故曰數往者順。知來者逆也。夏之連山。商之歸藏。首艮首坤。亦皆本之先天圖中西北正北之位。而周易乃易其宮也。首乾以尊天道也。乃以乾居連山艮位。以離得乾之體而屬火。火性炎上。乃以離居乾正南之位。以天一生水。水性潤下。坎得坤體而屬水。乃以坎居歸藏之正北位。離既居南而正東之位虛。乃令長子震以居之。震位既虛。以綜而視之。象艮。乃以艮居東北。坎既居北。而正西之位虛。以兌屬金。乃命兌以君之。兌既移。綜而視之。象巽。乃以巽居東南。巽既移。以巽為長女。長女既出。乃以坤母攝之。於是觀之。後天原出先天。而其所以序者。原未移也。茲所以詳釋羲文河洛一貫之理者。蓋緣世疑奇門獨用後天洛書。恐非軒轅氏所制。殊不知其用雖洛書藏九履一左肩右足之數而其體則先天陰陽往來。順逆之序其義一也。先天之序隱隱則布局繁而難洛書之數顯顯則布局簡而易。是以太公留侯於奇門布局則用洛書之數。起元仍用先天之節。蓋去難留易舍繁而用簡耳易贊曰易則易知簡則易能太公留侯眞明易簡之理者也。

釋超神接氣

超神者。符頭越於節氣之前也。接氣者。符頭續於節氣之後也。正受者。符頭節氣兩相値也。凡各氣起元以正受爲主正受後氣氣皆超。超過九日遇芒種大雪置閏之後氣氣皆接接至與符頭相値。又爲正受矣詳見下文。

○釋置閏

置閏者超極而閏奇以續其氣也。周天三百六十五度四分度之一。天旋一晝夜超越一度所以易云天行健也。而日一晝夜不及天一度。是以周家名一度爲萬分命萬分爲一日。奇門尊甲。凡起元布局必始甲子。故軒轅氏立四千三百二十局爲期時之數。盖以三百六十爲歲準也。每歲實三百六十五萬二千四百二十有五分。分爲二十四氣。每氣一十五萬二千一百八十四分三十七秒半。月行一晝夜。不及日十三度十九分度之七。故歲朔三百五十四萬三千六百七十一分一十六秒而分爲二十四朔望。每朔望一十四萬七千六百五十二分九十六秒半以歲實與朔歲相減得一十萬零八千七百五十三分八寸四秒是以通閏之數分爲十二月每月得九千零六十二分八十二秒是爲積閏二歸之得四千五百三十一分四十一秒是爲望閏積六十五望七百六十四分二十八秒以成閏月無中氣即命爲閏以筭其氣故三年一閏五年再閏十九年七閏七閏爲章四章爲一部二十部爲一遂三遂爲一首卽陽九四千五百六十年之次會七首爲一極卽三萬一千九百二十年五百三十二元之數是以一元閏外溢二萬八千四百九十九分九十四秒爲閏餘積之以爲閏準也奇門異時之法尊甲爲首故甲子己卯甲午己酉加四仲爲符頭而甲子時乃爲上

元故一氣三元非甲己加孟季不得三元之序尊甲之旨凡三元九局每氣恒餘二時五刻故冬至甲子正受後亥氣上元甲子恒在前氣之中謂之超日超時俱謂之超神超至四十餘氣或過九日十日十二三日值芒種大雪節内郎置閏疊用二氣三元以均其氣閏後符頭恒在本氣之後謂之接氣接者續也謂析其氣未至符頭之日時以補前氣之不足俾兩氣上下之相續也續至三十餘氣又逢正受循環無端大概六十二氣之中接正超閏一易故置閏必於二至之前以和陰陽総續之氣否則雖過九日十日十二三日亦不置閏郎如無中氣方閏月之謂也

釋符頭

符頭者何。三元首甲也。甲子己卯甲午己酉爲上元符頭。甲寅己巳甲申己亥爲中元符頭。甲辰己未甲戌己丑爲下元符頭。盖一氣三元。分上中下三局。一局五日。五日六十時爲一紀。一紀即一元。紀法以十干加十二支。首尾相合爲一終。干以甲爲首。癸爲尾。故自甲子至癸亥。得六十爲一紀。謂之一元。此奇門步時之法也。時非日不能得元。元非氣不能得局。是以一氣統三元爲三局。分上中下以別之。再別爲周。再周爲變。故周十二紀而天地之氣一變矣。歳得日紀凡六。而日紀一。統時紀十二始變一氣。是謂之六氣也。一變氣統四氣也。故四分日紀以起各氣之元。用甲己遁時。得甲爲首。故曰符。

釋六儀遁六甲

六儀遁甲者。乃六甲統六儀。儀用而甲不用也。蓋十有十而宮則九。甲不入宮。則奇儀無首。甲若居宮。則奇儀缺位。是以甲統其儀。用儀而不自用。假令甲以奇儀分布九宮。順則儀在前奇在後。逆則儀在後奇在前。今舉冬至一局以例其餘也。先布三奇於後。乙九丙八丁七。次布六儀於前。戊一己二庚三辛四壬五癸六。此奇儀本局之定位也。一局爲一元。一元統五日。五日六十時。時分六甲。六甲統六儀。自甲至癸一宮。一移遍歷九宮。六還而終一元。一元一元。終則交中元。七局矣。標此一局局局如此。

布此一元元元若是所以云甲不自用用儀之用以為用也

釋八門迫制和義

迫者逼迫也制者尅制也門制其宮宮迫其門也和者合也義者宜也門生宮為和宮生門為義開（金）門臨三四（震巽木）宮曰制臨九（離火）宮曰迫休（水）門臨六七（乾兌金）宮曰義臨三四（震巽木）宮曰和迫制不利舉動和義利於有為也經云吉門被迫吉事成凶凶門被迫禍災尤甚吉門和義吉事增榮凶門和義凶災有救然有天遁一格門犯迫制而不作迫制論者因吉格也宜省而用之

釋死門所忌

死門最凶不宜加本月日時干支上加時為時不利加日為日

不利。此爲與時一法。或本日有灾害而逢死門加于支凶。是故每歲二十四氣之中。每局三元每元四例。二百八十八例之中。立春生門四之一。立秋死門四之一。餘俱筭數耳此亦可見春生秋殺之機矣。

釋三甲及刑德開闔

三甲者。孟甲仲甲季甲也。凡上元入局。甲子甲午直符爲仲甲。中元入局甲寅甲申直符爲孟甲。下元入局。甲辰甲戌直符爲季甲。三元之甲。直符之時。凡遇謀爲。當視刑德爲動靜。將兵當視刑德爲戰守。皆以刑德在門決之。在門者。刑德在直使之門也。時之三甲亦然。冬至三氣。卯爲德。酉爲刑。凡三元入局五百四十時中。五卯時爲德在門。五酉時爲刑在門。德在門之時。宜動宜戰。刑在門之時。宜靜宜守。三氣元中孟甲仲甲日時旬內。有刑亦有德。惟季甲日時甲辰旬內。有刑而無德。甲戌旬內。有德而無刑。立春三氣。辰爲德。戌爲刑。凡三元八局五百四十時中。五辰時爲德在門。五戌時爲刑在門。孟甲季甲日時旬內。有刑亦有德。惟仲甲日時甲子旬中。無刑而有德。甲午旬中。無德而有刑。春分三氣。午爲德。子爲刑。凡五午時爲德在門。五子時爲刑在門。立夏三氣。未爲德。丑爲刑。凡五未時爲德在門。五丑時爲刑在門。此六氣十八元中。仲甲季甲日時旬內。有刑亦有德。惟孟甲日時甲寅旬中。無刑而有德。甲申旬中。無德而有刑。

夏至十二氣。直符則同。而刑德反是。凡德在門。得陽星加臨爲晝開。陰星加臨爲半開。凡刑在門。得陽星加臨爲半闔。陰星加臨爲晝闔。故曰能知三甲一開一闔。不知三甲。六甲晝闔。

釋亭亭白奸

亭亭者天之貴神也。白奸者。天之奸神也。求神之法。以月將加正時。視后神所臨之下。爲亭亭方。功曹勝光河魁臨孟神爲白奸方。二神常合於巳亥。格於寅申。將兵逢合宜戰。逢格宜守。餘背亭亭擊白奸。必大勝。世本有以寅午戌上見孟神爲白奸。白奸與亭亭對爲格。合居四四格之時。不利有爲。考經中所稱坐亭亭擊白奸百戰百勝。蓋以坐子擊午。水能制火。故百戰百勝也○所稱白奸者○謂爲北方三白星之奸神也○坎宮一白與離宮九紫相對○何奸之有○惟乾宮六白藏戌○艮宮八白藏寅○與離宮午爲三合○結成火局○而伏於坎子之左右○是以寅戌爲白奸也○凡子加己○則寅加未○戌加卯○午加亥○亥爲寅之合神○未爲午之合神○卯爲戌之合神○寅午交相合○卯戌自相合○三神貪合○不能爲奸○故宜戰○凡子加申○則寅加戌○戌加午○午加寅○三神互格○相與爲奸○故宜守○子加亥則寅加丑○亭奸互加其合神○亦謂之合○子加寅○則戌加子○奸來制亭而反往生奸○亦謂之格○此子支之格合也○寅戌加己亥○則亭奸互相合○寅戌加寅申○則亭奸互相格○此寅戌二奸之格合也○若以寅午戌上見孟神爲白奸○不惟

非自奸之義。且非非格合之時。矣。

釋直神

直神者建除滿平定。執破危成。收開閉也。以逐日隨斗所建分直月內日辰。故曰直辰。如立春後斗柄建寅。即以月內寅日爲月建。則寅建卯除辰滿巳平午定未執申破酉危戌成亥收子開丑閉也。交節之日則重用前辰。

釋寶和義制伐

寶者干生支也。如甲午己酉之類。和者干支比和也。如甲寅戊戌之類。義者支生干也。如甲子丁卯之類。制者干尅支也。如壬午己亥之類。伐者支尅干也。如甲申辛巳之類。寶和義日時吉。

制日時小凶。伐日時大凶。然亦看其尅制之間。則減其凶矣。
∴釋遊三避五
三五者。七色星中三白與中宮五黃也。年白。上元甲子起艮中
元甲子起坤。下元甲子起中。月白。上元甲子起坤中元甲子起
中。下元甲子起艮、日白。上元甲子起中。中元甲子起艮、下元甲
子起坤。時白。上元甲子起坤。中元甲子起中。下元甲子起艮同
月例也。年以天啟四年甲子爲中元。已詳年奇例中矣。月以癸
亥年十一月月建甲子爲上元。越五年而交中元。已詳月奇例
中。日以癸亥年十一月初一日甲子爲下元。已詳日奇例中。時
以甲子己卯甲午己酉四仲日所得甲子時爲上元。甲寅己巳

甲申己亥四孟日所得甲子時爲中元甲辰己未甲戌己丑四季日所得甲子時爲下元右皆循序順遁年一年一移月一月一更日一日一移時一時一宮凡五黄所到之方雖合奇門亦當避三白所臨之宮雖不合奇門亦當遊故曰遊三避五

釋三門四戶

三門者太冲小吉從魁也四戶者除危定開也遇急難不及擇奇門以月將月建加正時視三將四辰之下爲天門取地戶乘其方去吉

釋地私門

私門者六合太常太陰所臨之方也月將加正時尋納甲合神

所納之支也。郎以貴人泊其宮。依陰陽順逆步十二神。然後看三神所臨之下爲地私門。何以天將而曰地。蓋以地盤定其方。故曰地也。若得奇門奏合更吉。右三門四戸天馬私門皆急而從神之法也。世本有以地戸用時建法。月建四孟則四仲時爲地戸。建四仲則四季時爲地戸。建四季則四孟時爲地戸。若是則是用地戸時。而非爲用地戸方也。又以天馬用月建加臨法。正月以子起。已順行。視每月之建下爲天馬方。若是則是月建天馬。而非爲太冲天馬也。又云三天將爲三天門。三地將爲三地戸。此乃地天神將而定其門也。考經中地將之註。小吉未將也。太衝卯將也。從魁酉將也。未爲二氣交會之門。卯酉爲日月

出九之戶故三將爲三天門也復考天神之註云六合之象乙卯太常之象己未太陰之象辛酉而三神又司隱秘陰私故以三神爲地私門也

釋太冲天馬

天馬者房星也房爲天駟故曰天馬房隷於卯卯將太冲故曰太冲天馬凡急避之時不及擇奇門以月將加月建視太冲臨處乘其方而出則吉又有房宿値日亦爲天馬

釋天遁

丙乃南方之星南方乃先天乾位開門乃後天乾位凡丙奇合開門或合景門臨六九宮是爲天遁此時門犯廹制以天遁合

格。不作廹制論也。此時可以干謁王侯。上章獻策。婚姻入宅。出行。上官諸事吉。惟不利追亡。

釋地遁

一宮乃先天坤位。二宮乃後天坤位。凡九地合休門臨坤坎之位。或乙奇合九地臨一二之宮。俱爲地遁。此時可以韜蹤晦跡避遁藏形。伏兵營建。安葬求眞。諸事吉。惟不利婚姻。

釋人遁

語云。人生於寅。寅艮位也。艮生門使之定宮也。人生有先後長少之分。故震一索而陽生於下。凡丁奇合生門。或合太陰臨三八之宮。是爲人遁。此時可以媒妁婚姻。添丁進口。求賢招隱和

敵經商百事皆吉惟不利造葬

釋神遁

神陽氣也象火而炎上故丙丁二奇合九天臨乾離之宮是爲神遁此時可以授道祭祀開戊運籌攻堅破敵遣諜行間療病修合立神像以侯神應

釋鬼遁

鬼陰氣也象水而潤下易說卦坎爲隱伏故睽之上九有載鬼一車之象盖指互爻坎也凡九地合死門或戊己二儀合死門或惟死門臨坎艮之宮是爲鬼遁此時可以隱跡潛形譎敵行詐偵探兵機攻虛設伏祭祀開喪刑四安葬以侯鬼應

釋風遁

易曰。雲從龍。風從虎。又八卦以巽爲風。風將動。鳥先知之。故三奇以丁爲朱雀。丁奇合白虎下臨四宮。是爲風遁。此時可以祭風伯。發神器。探敵掩擊。歌吟審音。立旌旗。噴雲氣。以候風應。

釋雲遁

易需之大象云。雲上於天。蓋指坎也。凡乙奇合九天。或合休門。或休門合九天下臨一六八宮。是爲雲遁。臨乾爲浮雲。臨坎爲脊雲。臨艮爲岫雲。此時可以禱雨澤。立農兵。建壘制器。揚兵講武。布陣誘敵。朝東暮西。以候雲應。

釋龍遁

龍爲東方之神。辰其宮也。十干而乙象之。性近水而變。伏休其地也。凡乙奇合休門。臨一六之宮。是爲龍遁。此時可以教習水戰。設伏驅奇。祈禱雨澤。出行。張帆。穿井開河。修橋。安碓。以候龍應。

釋虎遁。

虎爲西方之神。寅其宮也。十干而辛象之。虎宅山而從風。輔其地也。凡六辛合生門。臨巽四之宮。是爲虎遁。此時可以招撫叛亡。納降設伏討虜。險要掩襲攻虛。修建關隘。伐木壞垣。捕盜索逋。弋禽獵獸。以候虎應。

釋三祚　世本作三詐非

太陰合奇門爲眞祚。此時宜施恩布澤。隱遯求仙。上官見貴。應舉。謀爲。嫁娶。移徙。商賈。營建。

九地合奇門爲重祚。此時宜進人口。封倉廩。取貨財。安壁壘。餘與眞祚同。

六合合奇門爲休祚。此時宜宴會結盟。驅妖治病。祈福禳災。出行入宅。餘與眞祚同。

釋五勝見後

五勝者。卽八神中之五吉神也。天乙太陰六合九地九天也。所謂能知五神。百戰百勝也。故曰五勝。

釋六假

生門合丙奇爲天假。開門合乙奇爲地假。休門合丁奇爲人假。休門合丙奇爲神假。生門合乙奇爲鬼假。開門合丁奇爲物假。

右六假不犯廹制。利謀。爲犯廹制則不可也。與九遁叅看可也。

釋三奇得使

三奇得使者。乙丙丁所到之宮。得本日値使加臨也。故曰三奇得使。其時利於有爲。若得開、休、生三吉門加之尤吉。其方利遠行進人口上官謀事。

釋三奇遊六儀

三奇遊六儀者。六儀間於三奇之中。而奇即遊其儀也。本日甲

乘其方而出人不能見

之儀加奇奇復加儀其時倏利乙奇臨己辛丙奇臨戊庚丁奇臨壬癸故曰三奇遊六儀也其方宜嫁娶謁貴出行移徙修合、

釋玉女守門

玉女守門者盤中六丁守直使之門也冬至上元休門直使甲子日庚午時乙丑日己卯時丙寅日戊子丁酉二時丁卯日丙午時戊辰日乙卯時此六時遁於丁奇所在之宮丁爲玉女凡值此六時直使必加其宮故曰玉女守門時也此時宜爲秘密朋私之事乘其方而出人不能見又宜營建宴會和樂之事若遇三門吉星直使又得太陰天乙臨合地戶宜遠行諸事皆吉

釋朱鳥迭穴

丙爲朱雀。丙奇加地盤直符日甲爲朱鳥迭穴。如值此時。利爲百事若得奇門相合。更爲吉也。將兵背生擊死。百戰百勝。利君子不利小人。惟不利上章獻策。

釋青龍返首

甲爲青龍。本日旬甲加丙。或甲辰直符臨丙。俱爲青龍返首。此時利爲百事。若得奇門相合。更爲利也。利君子不利小人。將兵背生擊死。百戰百勝。惟不利上官求財。

釋二吉四凶

下甲相加。爲陰陽化氣。丁乙相加。爲龍鳳呈祥。凡值此二格。百事俱利。

甲乙相加。為二龍戰野。庚辛相加。為兩虎爭雄。甲戊相加。為青龍困頓。庚壬相加為白虎迍邅。凡値此四格百事不宜。

釋六儀擊刑

刑者。傷也。其法以十二支環列。以丑寅向下兩分。隔四刑之。始分而刑三。冲中者自刑。中交而刑二。冲首者自刑。故丑刑戌。戌刑未。未刑辰。辰冲戌為自刑。寅刑巳。巳刑申。申刑亥。亥冲巳為自刑。子刑卯。卯刑午。午冲子為自刑。卯刑子。子刑酉。酉冲卯為自刑。是以辰亥午酉為自刑。子卯卯子為互刑。丑戌未寅巳申。為朋刑。故曰三刑也。凡朋刑惟丑能刑戌。戌能刑未。未不能刑戌。戌不能刑丑。惟寅能刑巳。巳能刑申。申不能刑巳。巳不能刑

乙奇臨二宮 乙木也木墓在未
宮藏未
丙丁臨六宮 丙丁火也火墓在戌
六宮藏戌

寅而世本有以未刑丑申刑寅者盖未考冲首為自刑而誤以冲為刑也甲子戊儀臨震三之宮甲戌己儀臨坤二之宮甲申庚儀臨乾六艮八之宮甲午辛儀臨離九宮甲辰壬儀甲寅癸儀臨巽四宮為儀擊刑盖震宮藏卯坤宮藏未乾宮藏亥離宮藏午巽宮藏辰巳也凡值此時此門不宜舉動然利於刑囚若得奇臨或乘龍虎占兵利於客也

釋奇墓奇制

奇墓者乙奇臨二宮丙奇丁奇臨六宮也二宮藏未六宮藏戌乙木墓於未丙丁火墓於戌故乙奇墓二丙丁奇墓六也墓則氣絶不利舉動動而有咎也若合吉門亦減其災

奇制者。乙奇臨六七宮。木受制于金。丙奇丁奇臨一宮。火受制於水也。三奇受制占與墓同

釋反吟伏吟

反吟者。反復不能寧處而呻吟也。盖星門各有定位。若臨對冲之方。爲反吟。伏吟者。伏匿不能變通而呻吟也。凡星門各加本位。爲伏吟。其方不可舉動。動必有悔也。若得三白並太乙天乙太陰臨之。或合九遁吉格。不以反伏吟論也。伏吟之方。宜收斂貨財。隱兵藏刄。反吟之方。宜分散貨財。給發倉廪。世本多僞。以六甲時爲伏吟。殊爲可笑。盖奇門之所以必遁其甲者。乃主静以立人極之意也。是以六甲之時。而過日甲之符使。則安

丙為勃
丙加庚为勃飛亦名伏干
庚加丙为勃伏亦名飛干
庚為格
庚加甲为格飛
甲加庚为格伏

厥位安定而能靜謂之遁甲不爲伏吟甲遁之後奇儀用事符使分宮則星不能不動以加所用之時干而門不得不移以臨所遁之時支惟其動也而後加臨對宮始有反復不寧之悔加臨本宮故有伏匿不變之悔悔者悔其妄動也故曰反吟伏吟

釋勃格飛伏

丙爲勃凡丙加庚爲勃飛亦名伏干庚加丙爲勃伏亦名飛干干者庚爲歲月日時干也凡勃飛凶應在內故曰伏干勃伏凶應在外故曰飛干

庚爲格凡庚加甲爲格飛亦名伏干甲加庚爲格伏亦名飛干干者甲爲歲月日時干也其儀與勃同

同刑異破

後制前爲格前制後爲勃

釋庚丙刑破

庚加癸爲刑丙加巳爲刑盜氣同也庚丁相加爲破丙壬相加爲破冲制異也凡値此時不利有爲世本有以庚加癸爲大格加壬爲小格加巳爲刑格加三奇爲奇格殊可嘔也考經以庚丙爲勃格勃者謂庚爲甲之殺丙爲庚之殺後制前爲格前制後爲勃所謂同干異支也同干異支者以同旬中干支合論也如甲子旬中庚爲甲之殺丙爲庚之殺其干爲殺同庚所加者午午冲子故曰格丙所加者寅寅與午三合故曰勃相尅又相冲則格塞甚矣故註爲關塞也相合又相制則勃逆甚矣故註爲亂逆也其支爲冲合異也干以盜氣爲刑支以前四位爲刑

庚加癸乃第四干。丙加己亦第四干。干同則支同。故曰同刑也。
陽干以後四位爲破。陰干以前四位爲破。庚加丙爲後四位。丁
加庚爲前四位。是庚之干支自相同。干逢魁則破。支逢冲則破。
壬丙相加爲魁。子午寅申辰戌相加爲冲。是丙之干支自相同。
而魁冲異。故曰異破也。

釋龍虎蛇雀熒白六制

乙加辛爲龍走逃。辛加乙爲虎猖狂。凡值此時。諸事不利。惟宜
靜守。强有舉動。必罹凶禍。
癸加丁爲蛇夭矯。丁加癸爲雀投江。凡值此時。百事不利。將兵
防奸。文書有驚恐。

庚加丙爲白入熒。丙加庚爲熒入白。凡值此時百事不吉。將兵
白入熒當防賊來。熒入白闇賊信詐。

釋五陽時

五陽時者。甲乙丙丁戊也。二至皆以此五干爲陽時。一切舉動。
天盤三奇合門乘之。將兵利客。凡出師征伐。遠行求財。立國邑。
安社稷。化人民。臨武事。入官見貴。移徙嫁娶皆吉。惟不利追亡。

釋五陰時

五陰時者。己庚辛壬癸也。二至皆以此五干爲陰時。一切營爲。
地盤三奇合門乘之。將兵利主。占與五陽時同。
右二格雖備經中一格。然不可爲主也。若年月日時皆陰。或

皆陽。則此例可行。

釋天輔時

天輔時者。時支遁於四宮也。故曰天輔時。經曰。天輔之時。有罪無疑。斧鉞在前。天猶赦之。此時可以雪冤理枉。排難解紛。諸事皆吉。

釋五合時

五合者。時干與日干相合也。甲與己合。乙與庚合。丙與辛合。丁與壬合。戊與癸合。謂之五合。凡值此時。吉神用事。凶殺必退藏。故其吉與天輔時同。

釋五不遇時

甲日庚時干庚為五不遇時、庚金尅甲木也、日干乙時干辛為五不遇時、辛金尅乙木也、餘倣此、

五不遇時者。時干尅日干也。經曰時干尅日有灾危甲日從五逆數之。蓋子至午七位。順逆皆尅本日之干。所謂前七後六皆逢尅也。凡此値日。最忌其時。故曰五不遇時。

釋天綱時

天綱時者。八門俱伏。係第十干還歸本局之時。即癸酉癸未癸巳癸卯癸丑癸亥六時也。凡百出入皆由於門。八門既伏。如張綱於門。出入被羅。故曰天綱。如値此時。諸事不宜出。此門惟逃亡隱跡事。出其方人不能獲。綱有高低。出有俯仰。凡急難逃匿。觀天上癸臨何宮。臨四宮爲入墓。往往不利。臨一二三宮爲低。臨六宮爲觸冠。不宜臨七八九宮爲高。高時以左食指按山源。

另有秘訣一語全書并未載出先生曾云昔年誤入不淺然則先生存心教人手抑故諱入疑竇手噫

五吉神為五勝見前

仰面禹步默祝而出。另有秘訣。低時面背負刄俯身而出。俱至六十步外。但行無疑。凡癸時為天綱。癸亥時為天綱張。惟甲寅直符癸亥時臨中五宮。為天綱四張。此時東西南北皆無出路。然中五寄開生六八之宮。則逆遁而非俱伏。猶為綱開一面。獨芒種下元大暑中元。處暑上元秋分中元四局皆中五寄杜死之宮。八門俱伏甲寅為禽符又在中宮。伏而不動。如禽之被罝罟。故曰天綱。

釋八神

八神者。天乙吉、螣蛇、太陰吉、六合吉、朱雀、白虎、九地吉、九天吉、也天乙常隨遁甲加時干。故亦名直符。符分順逆。已見上文。凡兵占以天乙

以下二条皆六壬法与甲遁無涉

所在。坐擊其冲。揚兵九天。安營九地。伏兵太陰。匿形六合。間諜出朱雀。偵探出白虎。驚擾則螣蛇。爲主也。當察各神不犯尅制。而用之。

釋天將陰陽干支所屬

天將者。貴人螣蛇朱雀六合勾陳青龍天空白虎太常元武太陰天后也。此十二神應乎天干。故曰天將。即地將也。夫求將之訣。始甲申。終未丑。避魁罡。去冲首。干取合。刑爲九陰陽分順逆數。又訣云。乾宮甲子申支。分干不分。此是納甲法。支乾干終坤。日干尋納合支上貴人生。故貴神歌訣云。甲戊庚牛羊。乙己鼠猴鄉。丙丁猪鷄位。壬癸蛇兎藏。六辛逢馬虎。此是貴人方。

8

十一月 十二月 正月 二月

釋地將

地將者。神后、大吉、功曹、太冲、天罡、太乙、勝光、小吉、傳送、從魁、河魁、登明、也。此十二神應乎地支。故曰地將。將即月將也。求將之法。神后子起。登明亥止。以亥將逆日躔諏訾。雨水用足一將一移。將加正時。吉凶可知。其法於每月中氣後某日時日躔某次方以支月將出加正時。用其吉凶宜忌。隨各將臨方審之。

建子之月。冬至後。日躔星紀之次。是爲大吉丑將。十一月

建丑之月。大寒後。日躔元枵之次。是爲神后子將。十二月

建寅之月。雨水後。日躔諏訾之次。是爲登明亥將。正月

建卯之月。春分後。日躔降婁之次。是爲河魁戌將。二月

三月　四月　五月　六月　七月　八月　九月　十月

建辰之月穀雨後日躔大梁之次是爲從魁酉將　三月
建巳之月小滿後日躔實沈之次是爲傳送申將　四月
建午之月夏至後日躔鶉首之次是爲小吉未將　五月
建未之月大暑後日躔鶉火之次是爲勝光午將　六月
建申之月處暑後日躔鶉尾之次是爲太乙巳將　七月
建酉之月秋分後日躔壽星之次是爲天罡辰將　八月
建戌之月霜降後日躔大火之次是爲太冲卯將　九月
建亥之月小雪後日躔析木之次是爲功曹寅將　十月

十干門戸神名

甲爲天輔青龍乙爲天德蓬星丙爲天威明堂丁爲太陰玉女

戊爲天武天門。己爲六合地戸。庚爲天獄天伐。辛爲天尉天庭。
壬爲天牢天廩。癸爲天禽華盖。

甲遁真授秘集

禮 終

樂部

甲遁眞授秘集

甲遁眞授秘集

欒部目錄　　感祚箋甫

目終

甲遁眞授秘集　樂

釋年奇

青齊薛鳳祚儀甫氏叅訂

年奇者。夏氏連山易也。基天開於子之時。迄今所交之歲。以六十年爲一元。三六一百八十年而三元畢矣。値以六十四卦。値建其一。六十四而中分之。得三十有二。爲三十二元。一卦一元。一千九百二十年而一周。是爲一章。三而重之。得五千七百六十年爲一運。而甲子上元。復還先天艮宮。而卦運首於復矣。此規邵氏先天之學。伏羲六十四卦圓圖爲準。用之之法。上元甲子艮宮起戊儀。年一易而宮一移。遇癸還歸本局。十年而局一換也門五年以定順逆皆一年一更其宮一年統十二月故使越十二宮而定其位所以皆首於休者甲遁而休於水也六甲分水火二局以分順逆卽循陰陽升降之理申子辰水局潤下故休門順越十二宮以臨之寅午戌火局炎上故休門逆越十二宮以加之水局起乾火局起坤所謂天地相宕錯綜以觀其變卦吉而方不吉者避方吉而卦不吉者遡卦驗於寒暑消長國家安危方察夫陰陽生剋庶民悔吝卦分帝后元庶妃貴門論廻制和義衰旺卦主災異門定方隅苟非賢智之士何以與此是以聖人演爲奇門以覺後世絲之易數統以神煞其吉凶悔吝用舍行藏詳載時奇茲不復贅

釋年奇起例

年奇所以首乾者。太公尊周之制。而演先天連山易也。月亦從之何也。年以統月順陰陽也。日奇所以首坎者。天一生水一爲數之始。子得坎水之象。且演後天文王之易也。時亦從之何也。日以統時分順逆也。所謂能知三易之微。奇門之理盡矣。今世不究古義。妄以巽時標的。一以張子房十八局星使之圖而爲年月日時之例。豈不誤哉。測奇今爲何元。今爲何卦。當從天開於子之時。迄今計若干歲。而以五千七百六十除之。則知今爲某章。某局某元某卦值歲矣。所以用五千七百六十除之者。六十四卦。五千七百六十年一還也。五千七百六十年爲三十二

自夏禹甲子越萬八百年爲未會

元上中下三乘之得一萬七千二百八十是爲時奇之總數矣

釋紀年

易曰數往者順知來者逆欲測天地之終始須知一日之數知一日之數則窮天地開闢之數亦明矣一日十有二時一年十有二月一運十有二世一元十有二會一會三十運一世三十年一月三十日一運三百六十年一歲三百六十日則自時而遡元不過十二三十相乘之數三十二即陰陽奇偶之數耳是故一元得一十二萬九千六百年一會一萬零八百歲矣夏禹甲子爲午會之初迄今洪武元年三千五百八十有五年自洪武二年迄天啟癸亥計二百五十有五年夏禹以前子至巳六

會。每會萬八百。而六積之。得六萬四千八百。增今會內數。共得六萬八千六百四十年。再加天啟四五六七年。崇禎之元二三四年。總積以爲年之本數。欲求將來一年加一數。以三元一百八十年除之。餘六十八算。除六十上元之數。不及除者八算。是爲天啟甲子。至崇禎辛未年數。於是則天啟甲子爲中元明矣。

釋年卦値

夫以卦値年。乃所以明陰陽消長。歷代存亡之道也。六十四卦圓圖。始復而終坤。順行越三十二卦。而定次年之卦。蓋六十四卦。中分而爲三十二。六十四卦中。惟三十二卦爲甲子之首卦。六十年一卦。一千九百二十年而一周。上中下三而乘之得九十六元。一元六十。共五千七百六十年。欲知今何卦值積年之總數。以五千七百六十除之。不及除者以一局一百八十年除之乃知崇禎辛未小過值年也。

年卦甲子首圖

復 夬 觀 需 否 兌 漸 節 遯 萃 渙 既濟
訟 隨 巽 屯 姤 剝 大壯 晉 泰 艮 歸妹 旅
臨 蒙 豐 未濟 明夷 蠱 震 鼎 復 夬 觀 需
否 兌 漸 節 遯 萃 渙 既濟 訟 隨 巽 屯
姤 剝 大壯 晉 泰 艮 歸妹 旅 臨 蒙 豐 未濟
明夷 蠱 震 鼎 復 夬 觀 需 否 兌 漸 節

明史黃石齋先生傳崇禎元年值師之上六先生竊遯於易史稱其先知所推年卦與此不同

越三十二卦則臨下得遯下復得臨今由遯之損乃越卅三卦矣条例殊未明

遯 革 渙 訟 隨 巽 屯 姤 剝 大壯 晉

泰 艮 歸妹 旅 臨 蒙 豐 未濟 明夷 蠱 震 鼎

右每卦六十年。天啟甲子乃八十九元。臨卦值元。乙丑遯卦。丙寅損卦。丁卯咸卦。崇禎元年戊辰爲節卦。己巳爲旅卦。庚午爲中孚卦。辛未小過、

逐年推卦圖

復 頤 屯 益 震 噬嗑 隨 无妄 明夷 賁 既濟 家人

豐 離 革 同人 臨 損 節 中孚 歸妹 睽 兌 履

泰 大畜 需 小畜 大壯 大有 夬 乾 姤 大過 鼎 恒

巽 井 蠱 升 訟 困 未濟 解 渙 坎 蒙 師

遯　咸　旅　小過　漸　蹇　艮　謙　否　萃　晉　豫

觀　比　剝　坤

右圖始復終坤。其法上中下三元。卦首圖是何卦值年。越三十二卦。而定次年之卦。今天啟甲子年臨卦值。以次順推周而復始。

年奇諸例

一元十二會。每會一萬零八百年。一十二會。共十二萬九千六百年。陽會順儀而逆奇。陰會順奇而逆儀。子寅辰午申戌為陽。丑卯巳未酉亥為陰。今仍在午會。當照陽會之例。今天啟甲子年為中元。自天開於子之時。積算得之。世本作下元誤矣。

自夏禹甲子交午會至崇禎四年辛未共三千八百四十八年越一萬四百五十年交未會

地盤戊。十年易一宮。上元甲子起乾。中元甲子起震。下元甲子起離。今天啟甲子年係中元甲子戊起震。甲戌年戊起巽。俱順布九宮。餘倣此

天盤戊。一年易一宮。三元起例與地盤同。天啟甲子年戊起震。乙丑年戊起巽。俱順布九宮。餘倣此

八門。五年以定順逆。三元甲子俱以休起乾。越十二宮而定其位。甲乙丙丁戊年順行八宮。己庚辛壬癸年逆布八宮。天啟甲子年。休起乾。乙丑年休起兌。俱順遁。餘倣此

七色星。一白二黑三碧六綠五黃六白七赤八白九紫也。一年一宮。上元甲子一白起中。中元甲子一白起艮。下元甲子一

咸豐九年己未一白起離
庚申起坎　辛酉起坤　壬
戌起震　癸亥起巽　甲子起
中

白起坤。俱順布九宮。天啟甲子年一白起艮。乙丑年一白起離。餘倣此。

二十八宿。一年一宿。管事。積算至崇禎辛未歲。亢宿值年。壬申年氐。癸酉年房。周而復始。

六十四卦。一年一卦。積算至今崇禎辛未歲。小過值年。越三十二卦。而定次年之卦。

釋月奇

月奇之制○年奇之餘也○月非年不能得乎正○年非月不能立乎元○故年一統月十二○即一元十二會之規矣○太公尊天統建子之易○故肇乾而遁儀以乾坤納甲乙之陰陽○是遁降以順逆○月數準三旬○而門因之越宮以取使也○九三六相宕以成始終○終於休而入於乾○成其始也○蓋天地之始終章於列宿○故以七元以約其變○亦元聖齊七政而理人事也○

釋月卦值

月以卦值者○順陰陽消長而觀其動靜也○復自陽生而進○姤自陰生而退○蓋剛柔變通立本趨時之道耳○一爻一候一候五日○

一月一卦○七十有二候○而十二卦一周天矣○百八十月爲三元之紀○一十五年乃洛書之數○而初而二而三而四而五而上者○一年一進爻也○郎一歲餘五日之謂也○易有云○變化者進退之象也○剛柔者晝夜之象也○居則觀其象而玩其詞○動則觀其變而玩其占○是故建候之爻○而主其動也○柔變而趨於剛○退極而進○剛變而趨於柔○進極而退○自元士而大夫而三公而諸候而天子而宗廟○則自下而上○各有所主○所謂以人事而驗天時也○由初而二而三而四而五而上○各有其時○所謂以天時而驗人事也○一卦兩氣○兩氣畢而交坎卦之初爻○六爻而兼三才○奇陽偶陰○卦之定位也○奇當陽曰火陽○偶當陰曰少陰○位正當也○奇

當陰則爲老陽。偶當陽則爲老陰。位不當也。老陽數九。四積之而三十有六。老陰數六。四積之而二十有四。用九用六者乾坤之策也。少陽數七。四積之而二十有八。少陰數八。四積之而三十有二。用七用八者。坎離之策也。所以用四乘者。以四時成歲。亦時奇每局四氣之謂也。測休咎。度悔吝。以歲月日時四位策數共積之。剛日九乘。柔日六因。以千百十零爲歲月日時之數。而用生尅進退以定其吉凶。欲知世之興衰。以年卦爲陽畫於左。月卦爲陰畫於右。欲測人之貴賤。以日卦居左。時卦居右。比觀横取。成八卦以斷之。所謂錯綜以觀其變。而其理自明矣。

月卦圖

月	子	丑	寅	卯	辰	巳	午	未	申	酉	戌	亥
卦	復	臨	泰	大壯	夬	乾	姤	遯	否	觀	剝	坤
甲己年	初	初	初	初	初	初	初	初	初	初	初	初
乙庚年	二	二	二	二	二	二	二	二	二	二	二	二
丙辛年	三	三	三	三	三	三	三	三	三	三	三	三
丁壬年	四	四	四	四	四	四	四	四	四	四	四	四
戊癸年	五	五	五	五	五	五	五	五	五	五	五	五
甲己年	上	上	上	上	上	上	上	上	上	上	上	上
乙庚年	初	初	初	初	初	初	初	初	初	初	初	初
丙辛年	二	二	二	二	二	二	二	二	二	二	二	二

丁壬年 三三三三三三三三三三三三
戊癸年 四四四四四四四四四四四四
甲己年 五五五五五五五五五五五五
乙庚年 上上上上上上上上上上上上
丙辛年 初初初初初初初初初初初初
丁壬年 二二二二二二二二二二二二
戊癸年 三三三三三三三三三三三三

右各月皆從爻起節氣。如上元甲己年子月復卦初爻起大雪。乙庚年二爻起大雪。餘倣此。

月卦變爻例

崇禎四年三月。穀雨中元。二十六日。緣釋卦値。乃郎以此爲例。今年係中元甲子之後。推算。過卦値歲。辰月乃夬卦用事。中元丙辛年辰月。夬乃五爻起節氣。是清明。一爻一元。上元九五。中元上六。下元則爻乾初九爻。穀雨上元爲九二。中元値九三爻用事。故三爻變。以建元之爻爲變也。變得天澤履。乃爲夬之履也。兌爲澤。爲口舌。爲毀折。乾爲天。爲金。爲老人。日時之卦。亦如是象占也。則主因金帛而言辨爭鬬毀折也。三爻奇變偶爲不當位。應在三公。若測休咎。慶悔吝。則用年月日時四卦。如小過卦用事。初六六五兩老陰。得四十八策。六二上六兩少陰。得六十四策。九三一少陽。得二十八策。九四一老陽。得三十六策。共得一百七十六策。月卦夬變履。初九九五二少陽。得五十六策。九二九四上九三老陽。得一百零八策。六三一老陰。得二十四策。共得一百八十八策。是日庚子係中元甲子內鼎卦值事。初六六五二老陰。得四十八策。九二九四上九三老陽。得一百零八策。九三一少陽。得二十八策。共得一百八十四策。時卦歸妹。初九一少陽。得二十八策。九二九四兩老陽。得七十二策。六三六五二老陰。得四十八策。上六一少陰。得三十二策。共得百八十策。以年月日時共積之。得七百二十八策。日干庚爲剛。以九乘之。四九三十六因之。得一萬三千一百零四策。以四六二十四因之。得八千七百三十六策。上下共得二萬一千八百四十策。去萬不算。以千百十零作日月星辰之數。至於國祚軍旅墓宅壽夭各有取卦。斷法已詳卦占之中矣。

釋月奇八門推例

從乾上順推三十宮。得離宮景門。以加月建以次推之。自子至巳爲陽。自午至亥爲陰。若月在中宮則看寄宮寄宮亦如是寄也。

甲子	開己巳	休乙丑	景甲子
甲午	傷丁卯	中壬申	杜戊辰
月例	生辛未	驚庚午	死丙寅

釋月奇地盤例

月之地盤奇儀每一干支九月。一部二十干支。計一百八十月。九部共一千六百二十個月爲一周。凡交四仲之月則移宮。是爲定例也。詳列於左。

第一部

甲子乾	癸酉中	壬午巽	辛卯震	庚子坤
己酉坎	戊午離	丁卯艮	丙子兌	乙酉乾
甲午中	癸卯巽	壬子震	辛酉坤	庚午坎
己卯離	戊子艮	丁酉兌	丙午乾	乙卯中

第二部

甲子巽　癸酉震　壬午坤　辛卯坎　庚子離
己酉艮　戊午兌　丁卯乾　丙子中　乙酉巽
甲午震　癸卯坤　壬子坎　辛酉離　庚午艮
己卯兌　戊子乾　丁酉中　丙午巽　乙卯震

第三部

甲子坤　癸酉坎　壬午離　辛卯艮　庚子兌
己酉乾　戊午中　丁卯巽　丙子震　乙酉坤
甲午坎　癸卯離　壬子艮　辛酉兌　庚午乾
己卯中　戊子巽　丁酉震　丙午坤　乙卯坎

第四部

甲子離　癸酉艮　壬午兌　辛卯乾　庚子中
乙酉巽　戊午震　丁卯坤　丙子坎　乙酉離
甲午艮　癸卯兌　壬子乾　辛酉中　庚午巽
己卯震　戊子坤　丁酉坎　丙午離　乙卯艮

第五部

甲子兌　癸酉乾　壬午中　辛卯巽　庚子震
己酉坤　戊午坎　丁卯離　丙子艮　乙酉兌
甲午乾　癸卯中　壬子巽　辛酉震　庚午坤
己卯坎　戊子離　丁酉艮　丙午兌　乙卯乾

第六部

甲子中　癸酉巽　壬午震　辛卯坤　庚子坎
己酉離　戊午艮　丁卯兌　丙子乾　乙酉中
甲午巽　癸卯震　壬子坤　辛酉坎　庚午離
己卯艮　戊子兌　丁酉乾　丙午中　乙卯巽

第七部

甲子震　癸酉坤　壬午坎　辛卯離　庚子艮
己酉兌　戊午乾　丁卯中　丙子巽　乙酉震
甲午坤　癸卯坎　壬子離　辛酉艮　庚午兌
己卯乾　戊子中　丁酉巽　丙午震　乙卯坤

第八部

甲子坎　癸酉離　壬午艮　辛卯兌　庚子乾
己酉中　戊午巽　丁卯震　丙子坤　乙酉坎
甲午離　癸卯艮　壬子兌　辛酉乾　庚午中
己卯巽　戊子震　丁酉坤　丙午坎　乙卯離

第九部

甲子艮　癸酉兌　壬午乾　辛卯中　庚子巽
己酉震　戊午坤　丁卯坎　丙子離　乙酉艮
甲午兌　癸卯乾　壬子中　辛酉巽　庚午震
己卯坤　戊子坎　丁酉離　丙午艮　乙卯兌

右自天開於子之時起至今庚午歲十月止共得六萬八千

兩乘字皆除字之訛

六百四十有七年。每年以十二因之。得八十二萬三千七百六十四個月之數。如用辛未歲甲午修方加六數。以九部一千六百二十除之。不足除者。以每部一百八十乘之。不足乘者。以餘干支九數除之。乃知辛未歲甲午月在第五部甲午干支下。戊起乾。至壬申年癸卯月。戊起中。餘倣此。

月奇諸例

地盤戊。九越月一易宮。陽月順布。陰月逆遁。積算至今戊辰歲。甲子月建。係中元局。屬五部。戊午干支下。戊起坎。至辛未年甲午月建。屬五部甲午干支。戊起乾。至次年癸卯月建。戊起中宮逆步。餘倣此。

咸豐九年正月丙寅
一白起坎

天盤戊。一月一移宮。亦陽月順。陰月逆。上元甲子戊起離。中元甲子戊起乾。下元甲子戊起震。積算至今戊辰歲甲子月建。戊起乾。順步至四年甲午月建戊起離。順布乙未月建。戊起坎逆布後倣此。

八門。子至巳月順。午至亥月逆。積算至今戊辰歲甲子月建。休門起兌。順布至四年甲午月建。景門起乾。乙未月建。休門起兌。俱逆布後倣此。

七色星。一月一宮。上元甲子一白起艮。中元甲子一白起坤。下元子一白起中。積算至今戊辰歲甲子月建。一白起坤至四年甲午月建。一白起中。乙未月建。一白起乾。俱順布。

二十八宿。一月一宮。崇禎元年正月牛宿管事。二月女。三月虛。
餘倣此。
十二月卦。一月易一宮。一爻管一候。積算至崇禎辛未年甲午
月在中元丙。姤卦值月。五爻起。乙未月爲遯卦。餘倣此。

釋日奇

日奇者以運數而合奇門也。盖人之動靜惟日易曰一陰一陽之謂道百姓日用而不知也。邵堯夫所謂一日即天地一元之始終。故日爲艮爲少陽。而數七也。是以四時成歲而陰陽順逆往來其間。順剛逆柔。消長循環之理於是乎盡矣。故以二至爲正分上下天地之位。定南北水火之宮。一期之數六六三百有六十。二至各得百有八十。百八十而三元定矣。故冬至從坎以順。夏至從離以逆。坎以蓬爲初。離以英爲始。蓬以休爲門。英以景爲使。門使則三日而易一宮。即一卦三畫之理。天星十日一更者尊甲故也。地戊九日一易者明宮位也。冬至局逆而遁順。

夏至局順而遁逆。盖錯綜相摩以成陰陽進退之道也。冬至之三元。而蓬而柽而輔者。郎是奇一七四。順往之序也。夏至之三元而英而沖而心者。郎九三六逆來之次也。是以冬至之卦。以復以頤以未濟。三周而終坤。夏至之卦。以姤以井以大有。三還而終乾也。然三元之名。年易而序改者何。則盖周天三百六十有五度四分度之一。而日行一日一周。不及者一度。故三百六十有五萬二千四百二十五分。而復交冬至之初。一歲六甲子之数。減度之數。尚餘五日有零。故十二年而冬至前後還值甲子。前所以爲上元甲子者。有越過六十日也。此甲子則爲中元明矣。於是則三十六載始一周而值上元也。三十六載成數也。

細數在策數中○既明三元之日○而星而卦而宿俱從之而譬其
章矣○至於門則有定宮豈可同日語哉○

釋紀日

先天八卦之序○乾一兌二離三震四巽五坎六艮七坤八○邵堯
夫以元會運世歲月日時配之○蓋以艮當值日之卦○邵所謂數
始於七也○何則卯酉爲月日之門戶○自卯至酉得七數耳○一日
十有二時○即一元十有二會○一歲三百六十日○即一元三百六
十運也○然一歲之間○而有盈縮之不同○蓋周天之度○歲餘五萬
二千四百二十五分○故冬至每差五日也○甲子至癸亥得六十○
而以五歸之○乃知十有二年而一正○爰爲中元甲子矣○以次推

之三十六年方仍還上元也。試今爲何元之甲積年之總數以三十六三十五疊除之。除一日加七則用五七三十五本身則用二十四。不及除者以十二除上元十一除中元餘乃下元之數也。遡而求之。今甲子爲下。前甲子爲中再前甲子則爲上元於是則知何卦宿值日矣。

釋日卦值

夫天地之間陰陽進退動靜之理非卦無以測吉凶悔吝而爲趨避也。故漢儒焦貢京房之徒乃作配卦值日之說傳之後世。其法以辟公侯卿大夫五等合卦。歷一期三百六十之成數。一爻一日。五爻一候。以按其氣。一日一卦。二至三還以盡六甲。

而以陰陽生息寒暑消長十二之卦爲辟以周其圖。除坎離震兌後天四正之卦。以隸分至。蓋四卦爲四時監司之官。二十四氣之專主也。洎唐僧一行。宋賢邵子咸因之而不敢值一變。嗚乎。時亡國存。聖世是泯。白晝若暮。良可悲夫。緣援筆奇遁而及卦值。詳作者之心。導後學之竅。以洩元秘。層幽復昭。陰陽二至。各分三元。三元循環。各分所起。復頤未濟。冬至三元之卦首也。姤井大有。夏至三元之卦首也。蓋明始乾終坤之意而排歷世之訟耳。按氣隸爻。先輩已詳。不贅。

· 逐日排卦圖

復辟 屯侯 謙大夫 睽卿 升公 臨辟

小過侯　蒙大夫　益卿　漸公　泰辟　需侯
隨大夫　晉卿　解公　大壯辟　豫侯　訟大夫
蠱卿　夬公　革辟　旅侯　師大夫　比卿
小畜公　乾辟　大有侯　家人大夫　井卿　咸公
姤辟　鼎侯　豐大夫　渙卿　履公　遯辟
恒侯　節大夫　同人卿　損公　否辟　巽侯
萃大夫　大畜卿　賁公　觀辟　歸妹侯　无妄大夫
明夷卿　困公　剝辟　艮侯　既濟大夫　噬嗑卿
大過公　坤辟　未濟侯　蹇大夫　頤卿　中孚公

右卦配辟侯大夫卿公五等。各十有二卦。一日一卦。五等各值十二日。看三元何卦值日。越五卦而定次月之卦。陽遁上元甲子起復。中元起頤。下元起未濟。陰遁上元甲子起姤。中元起井。下元起大有。如冬至甲子日是復。辟乙丑日爲臨辟之類。總之越五順推。便知本元十日之值卦矣。然止用六十卦。不及坎離震兌者。以四卦二十四爻司一歲二十四氣之故也。

日奇地盤圖

日奇地盤。戊以二至分順逆。冬至以後一百八十日逆立局而順遁。夏至後一百八十日順立局而逆遁。俱以九日逢四仲而易一宮。凡遇各部首甲子己卯甲午己酉四仲日。冬至屬陽遁部戊起坎。夏至屬陰遁部。戊起離。不必照天盤星儀定三元也。

·陽遁部一

甲子坎　癸酉離　壬午艮　辛卯兌　庚子乾

己酉中　戊午巽　丁卯震　丙子坤　乙酉坎

甲午離　癸卯艮　壬子兌　辛酉乾　庚午中

己卯巽　戊子震　丁酉坤　丙午坎　乙卯離

陽遁部二

己卯坎　戊子離　丁酉艮　丙午兌　乙卯乾

甲子中　癸酉巽　壬午震　辛卯坤　庚子坎

己酉離　戊午艮　丁卯兌　丙子乾　乙酉中

甲午巽　癸卯震　壬子坤　辛酉坎　庚午離

陽遁部三

甲午坎　癸卯離　壬子艮　辛酉兌　庚午乾
己卯中　戊子巽　丁酉震　丙午坤　乙卯坎
甲子離　癸酉艮　壬午兌　辛卯乾　庚子中
己酉巽　戊午震　丁卯坤　丙子坎　乙酉離

陽遁部四

己酉坎　戊午離　丁卯艮　丙子兌　乙酉乾
甲午中　癸卯巽　壬子震　辛酉坤　庚午坎
己卯離　戊子艮　丁酉兌　丙午乾　乙卯中

甲子巽　癸酉震　壬午坤　辛卯坎　庚子離

陰遁部一

甲子離　癸酉坎　壬午坤　辛卯震　庚子巽
己酉中　戊午乾　丁卯兌　丙子艮　乙酉離
甲午坎　癸卯坤　壬子震　辛酉巽　庚午中
己卯乾　戊子兌　丁酉艮　丙午離　乙卯坎

陰遁部二

己卯離　戊子坎　丁酉坤　丙午震　乙卯巽
甲子中　癸酉乾　壬午兌　辛卯艮　庚子離
己酉坎　戊午坤　丁卯震　丙子巽　乙酉中

甲午乾　癸卯兌　壬子艮　辛酉離　庚午坎

陰遁部三

甲午離　癸卯坎　壬子坤　辛酉震　庚午巽
己卯中　戊子乾　丁酉兌　丙午艮　乙卯離
甲子坎　癸酉坤　壬午震　辛卯巽　庚子中
己酉乾　戊午兌　丁卯艮　丙子離　乙酉坎

陰遁部四

己酉離　戊午坎　丁卯坤　丙子震　乙酉巽
甲午中　癸卯乾　壬子兌　辛酉艮　庚午離
己卯坎　戊子坤　丁酉震　丙午巽　乙卯中

甲子乾　癸酉兌　壬午艮　辛卯離　庚子坎

日奇值使圖

日奇直使以二至陰陽分順逆。冬至甲子使休起坎順布八宮。夏至甲子使景起離逆布八宮。俱三日而宮一易。各一百八十日。歷上中下三元以盡一期之日數。不依天盤三元星儀之例數也。

陽遁上元　休門

甲子坎　丁卯坤　庚午震　癸酉巽　丙子乾

己卯兌　壬午艮　乙酉離　戊子坎　辛卯坤

甲午震　丁酉巽　庚子乾　癸卯兌　丙午艮

己酉離　壬子坎　乙卯坤　戊午震　辛酉巽

陽遁中元休門

甲子乾　丁卯兌　庚午艮　癸酉離　丙子坎

己卯坤　壬午震　乙酉巽　戊子乾　辛卯兌

甲午艮　丁酉離　庚子坎　癸卯坤　丙午震

己酉巽　壬子乾　乙卯兌　戊午艮　辛酉離

陽遁下元休門

甲子坎　丁卯坤　庚午震　癸酉巽　丙子乾

己卯兌　壬午艮　乙酉離　戊子坎　辛卯坤

甲午震　丁酉巽　庚子乾　癸卯兌　丙午艮

己酉離　壬子坎　乙卯坤　戊午震　辛酉巽

陰遁上元景門

甲子離　丁卯艮　庚午兌　癸酉乾　丙子巽

己卯震　壬午坤　乙酉坎　戊子離　辛卯艮

甲午兌　丁酉乾　庚子巽　癸卯震　丙午坤

己酉坎　壬子離　乙卯艮　戊午兌　辛酉乾

陰遁中元景門

甲子巽　丁卯震　庚午坤　癸酉坎　丙子離

己卯艮　壬午兌　乙酉乾　戊子巽　辛卯震

甲午坤　丁酉坎　庚子離　癸卯艮　丙午兌

己酉乾　壬子巽　乙卯震　戊午坤　辛酉坎

陰遁下元 景門

甲子離　丁卯艮　庚午兌　癸酉乾　丙子巽
己卯震　壬午坤　乙酉坎　戊子離　辛卯艮
甲午兌　丁酉乾　庚子巽　癸卯震　丙午坤
己酉坎　壬子離　乙卯艮　戊午兌　辛酉乾

日奇諸例

崇禎庚午年冬至前甲子日。當作陽遁下元。看數至辛未年癸巳。月四月二十一日小滿甲子爲陰遁下元。天盤星儀及太乙白卦依下元例起。

地盤戊。九日一換局。陽遁儀順奇逆。陰遁儀逆奇順。如崇禎辛未年甲午月丙申日夏至。係陰遁三部。內甲午下。當於甲午離宮起戊。逆布九宮。至壬寅日止。癸卯日戊起坎。餘倣此。但夏至前甲子在小滿氣內。仍於陽遁三部戊午下震宮起戊順步。與天盤例異。

天盤戊己庚辛壬癸儀。各十日一統星。一月易一宮。陽遁順儀逆奇。陰遁逆儀順奇。如崇禎辛未年夏至前甲子日。係陰遁下元戊統心。起離。逆布至癸酉日止。甲戌日換己統禽。起艮。至癸未日止。餘倣此。凡天盤甲子在二至前。即照陰陽分順逆。不可俟至日分順逆也。

八門看諏吉寶鏡

咸豐九年正月丙寅

一白起坎

八門每門三日易一宮冬至甲子休門起坎順遁夏至甲子景門起離逆遁不依上中下三元星儀例如崇禎辛未年夏至甲子日景門起於離逆至丙寅日止丁卯日景門起艮逆至己巳日止餘做此

七色星一日一宮俱順上元甲子起艮中元起中下元起坤如崇禎辛未歲夏至前甲子日一白起坤順布九宮乙丑日一白起震餘做此

九頭神太乙攝提軒轅招搖天符青龍咸池太陰天乙也一日一宮起例與七色星同

二十八宿一日一宿管事看曆日

六十卦。一日一卦。如崇禎辛未年夏至前甲子日。大有卦候。乙丑日鼎卦。候在下元。例看卦圖。

釋時奇

時奇者。日奇之餘。與時之一法也。一日十有二時。即一年十有二月。年非月不能約四時。分八節。定氣候。分陰陽也。日非時不能知旦暮。辨子午。策積閏。度朔望也。故年紀月而日統時。時以宮分順逆。年以會定陰陽。遁甲之數。二萬一千六百。即年奇二會陰陽之數。中而分之。得萬零八百。是爲一會之紀年也。二會陰陽之数。除去一元之世數。四千三百二十。則餘一萬七千二百八十。是爲七十二局之中。中局四氣二百八十八元。元六十時之總數也。一元六十時。故五日而移局。五日而易局。故甲己稱符。甲己稱符。故三元分仲孟季。三元分必以甲始。故超節以尊

甲。超以節而日漸違。故置閏而均其氣。於是干支相錯以臨九
宮。乃以星符主其干。以門使主其支。符使相錯而吉凶斯見。故
命九遁吉凶諸格。總之取義於崇甲也。直之以卦以觀消長。隸
之以神以察顯幽。是盖重夫軍國而愼其所爲也。日甲之爲符
使者。日統乎時。亦以始終六十甲子之數。畢四千三百二十之
時也。此畧論其數之所由至。若局之有格。氣之有應。星門之所
主。神將之所臨。詳載於諸釋之中矣。

釋紀時

天地肇分。陰陽始判。必基於時。故積時爲日。積日爲月。積月以
成歲也。邵堯夫積時之數。遡而求之以作元會運世。而歲猶元。

而月猶會而日猶運而時猶世也不過損益其數以相錯綜也
孔子謂損益而百世可知蓋因而度之也自天開於子之時迄
今崇禎辛未冬十一月晦己亥日冬至前寅時止共得二萬九
千六百五十六萬一千二百二十有二時時分三元甲子四仲
之日所得爲上元四孟之日所得爲中元四季之日所得爲下
元若測宿以二千五百二十除之其以二千五百二十除之者
兩重二十一元之時也七月之準數也一時一局以四積之得
一萬七千二百八十郎崇禎四年之時數耳十干各分陰陽星
亦從之以定闔闢總不外乾坤剛柔陰陽往來之道也

釋時卦値

卦值時者、蓋觀變而驗吉凶也。所用以月之十二卦為正。十二卦中各有四而為六十時卦也。一氣三元。一元一易其位。自三公而卿而元士而黙首而寺人。即十二卦中三十爻之主也。自復而泰而夬而姤而否而剝。即二十四氣中六氣之首卦也。六氣者何。二至雨水谷雨處暑霜降也。右六氣為四六二十四節氣。而各分四氣。皆一時八刻。以例六爻二至之初。俱以甲己為始。

二十四氣上中下三元時卦首圖。

冬至	復臨泰	小寒	大壯夬乾	大寒	姤遯否
立春	觀剝坤	雨水	泰大壯夬	驚蟄	乾姤遯

春分　否觀剝　清明　坤復臨　谷雨　夬乾姤
立夏　遯否觀　小滿　剝坤復　芒種　臨泰大壯
夏至　姤遯否　小暑　觀剝坤　大暑　復臨泰
立秋　大壯夬乾　處暑　否觀剝　白露　坤復臨
秋分　泰大壯夬　寒露　乾姤遯　霜降　剝坤復
立冬　臨泰大壯　小雪　夬乾姤　大雪　遯否觀

逐時推卦圖

復　三公中孚　卿屯　元士頤　黔首謙　寺人臨　三公升　卿小過　元士睽　黔首蒙　寺人
泰　三公漸　卿需　元士益　黔首隨　寺人大壯　三公解　卿豫　元士晉　黔首訟　寺人
夬　三公革　卿旅　元士蠱　黔首師　寺人　乾　三公小畜　卿大有　元士比　黔首家人　寺人

姤三公咸卿鼎元士井黔首豐寺人遯三公履卿恒元士渙黔首節寺人

否三公損卿巽元士同人黔首萃寺人觀三公賁卿歸妹元士大畜黔首无妄寺人

剝三公困卿艮元士明夷黔首既濟寺人坤三公大過卿未濟元士噬嗑黔首蹇寺人

右卦配公卿元士黔首寺人。各十有二卦。一卦一時。先尋各氣卦首。以次順推。則本候六十時卦畢見矣。

釋陽局八式

陽局者。冬至以後十二氣順布之局也。凡局八式。以本氣上元甲子起於本宮。依序順行九宮。至癸亥六十時畢。又續甲子順布為中元。六十時畢。又續甲子順布為下元。三元布畢。名為遁宮。凡日所在之宮。即以其宮之星門為符使。符使既定。方以六

儀順布於六甲所在之宮。以三奇逆布餘宮。凡用事以日甲之
星。加奇儀之宮。謂之直符加干。以日甲之門。臨支遁之宮。謂之
直使加支。加臨畢。然後視開休生與乙丙丁。所合為奇門合地
盤三奇方吏吉也。有奇。得使。玉女守門。不有廹制刑害。或三白
到臨。本日列宿善將。太乙天乙臨之。尤吉也。陽十二氣分於東
部之。四宮。每宮三氣。冬至小寒大寒隸一宮。立春雨水驚蟄隸
八宮。春分清明穀雨隸三宮。立夏小滿芒種隸四宮。凡弟一氣
上元起本宮。二氣上元順行起次宮。三氣上元起又次宮所以
訣歌云。冬至小寒及大寒。甲子起於一二三、立春雨水及驚蟄。
甲子起於八九一。春分清明及穀雨。甲子起於三四五。立夏小

滿芒種卒。甲子起於四五六。

釋陰局八式

陰局八式者。夏至以後十二氣。逆布之局也。凡陰局八式。與陽局同。但逆布六儀。兩順布三奇耳。陰十二氣。分於西部之四宮、毎宮三氣。夏至小暑大暑隸九宮。立秋處暑白露隸二宮。秋分寒露霜降隸七宮。立冬小雪大雪隸六宮。凡第一氣起本宮。第二氣逆行起次宮。第三氣起又次宮。所以訣歌云。夏至小暑及大暑。九八七宮甲子。至立秋處暑及白露。二一九宮甲子。處秋分寒露及霜降。七六五宮甲子於。立冬小雪及大雪。六五四宮甲子訣。

時奇諸例

地盤戊。五日一換局。看節氣在幾局中。如係一局。郎於一宮起甲子戊。以二至分陰陽順逆遁布九宮。再看本日甲所在之宮星門為符使。

天盤日甲儀。統星符管五日六十時。一時易一宮。看時干在何宮。即以儀統星符加時干上。看宮分順逆布九宮遁尋乙丙丁三奇。一二三四宮順六七八九宮逆。五看寄宮。春艮夏巽秋坤冬乾也

門使亦管五日六十時。一時易一宮。看用時在何甲下。郎於本甲所遁之儀上。以二至分順逆數至所用之時支。以門使加

之。亦如星之看宮分順逆。布八宮。遁尋開休生三吉門也。

八神天乙螣蛇太陰六合朱雀白虎九地九天也。天乙同直符加地盤時干上。看宮分順逆遁布九宮。

七色星。一白二黑三碧四綠五黃六白七赤八白九紫也。上元甲子一白起中。中元甲子一白起坤。下元甲子一白起艮。

六十四卦。除坎離艮兌。用六十卦。一時一卦。先看本時係何氣何元。按卦首逐時推卦六十時。而一元周矣。如崇禎辛未年夏至前甲午日甲子時爲上元。卦姤。乙丑時卦咸。以次順推

二十八宿起法

起年宿

虛奎畢鬼翼氐箕　三個七元掌上馳　年當六十一元度
四百二十七元施　一千二百六十歲　此是三元永不移

起月禽

會得年禽月易求　太陽照室木心頭　水參金胃月星轉
土角還看火是牛

起將星

一元虛張室軫輪　二奎織亢胃房分　三畢尾參猴測斗
四鬼女星危月明　五元翼壁角婁下　六氐昴心觜火辰

七箕井畔牛邊栁　此是七元將首神　甲七子午並卯酉
各分節氣萬載箕

起日禽

七元禽星會者稀　虛奎畢鬼翼氐箕　但將甲子從頭數
元元相續不差移

起時禽

日虛月鬼火從箕　水畢木氐共金奎　土翼俱於子上數
便識時禽十二支

策數

歲實。三百六十五萬二千四百二十五分。

歲餘。五萬二千四百二十五分。

氣策。一十五萬二千一百八十四分。三十七秒半。

歲朔。三百五十四萬三千六百七十一分一十六秒。

望策。一十四萬七千六百五十二分九十六秒半。

歲盈。一十五萬二千一百二十五分。

歲縮。二十萬零四千四百二十八分一十二秒半。

歲卦。五千七百六十。三歸得一千九百二十。

歲總。崇禎四年止六萬八千六百四十八。每年加一策。

月卦○一十二○

月總崇禎辛未年十月止八十二萬三千七百七十六○

宿策○一千二百六十○

日策○即歲實若求爲何元何日交何節冬至一千零九十九餘年總數

三十四除本身三十五除百加千

時實○四千三百八十三○仍餘七十四分九十九秒○

時餘○六十三○

刻實○三萬六千五百二十四刻四分刻之一○

月大小策○一百零七○

甲遁眞授秘集

樂終

射部

甲遁眞授秘集

甲遁真授秘集

射部目錄

目 終

甲遁眞授秘集 射

青齊薛鳳祚儀甫氏參著

年奇神煞

歲干德　甲丙戊庚壬也。此方百事皆吉。忌動土掘池

歲干德合　乙丁己辛癸是也。宜修造諸事吉。

歲支德　宜造葬營建諸事皆吉。

申子辰年亥。巳酉丑年申。寅午戌年巳。亥卯未年寅。

歲合　宜起造動土諸事吉。

子年丑。丑年子。寅年亥。卯年戌。辰年酉。巳年申。

午年未。未年午。申年巳。酉年辰。戌年卯。亥年寅。

天乙貴人　前備天將釋中。以月定陰陽貴。如甲年丑未爲天乙貴人。子月陽則陽貴未出見。丑月陰則陰貴丑出見。宜造葬上官受封諸事吉。

福星貴人　宜修造安葬婚姻諸事吉。與時例同。

甲年寅。乙年丑亥。丙年子戌。丁年酉。戊年申。

己年未。庚年午。辛年巳。壬年辰。癸年卯。

喜神　宜嫁娶交易宴會和合諸事吉。

甲己年寅卯。乙庚年戌亥。丙辛年申酉。丁壬年午未。

戊癸年辰巳。

奏書　宜上章出行。忌修造。

亥子丑年乾。寅卯辰年艮。巳午未年巽。申酉戌年坤。

博士 宜出行忌動土。

亥子丑年巽。寅卯辰年坤。巳午未年乾。申酉戌年艮。

金匱星 吉。即帝旺所主之宮也。宜修造進人口。又爲打頭火。占山向犯之主火燭凶。

天官符 凶。即臨官所主之宮也。忌上官謁貴。占山向忌修造。又爲歲支德吉。

申子辰年亥。巳酉丑年申。寅午戌年巳。亥卯未年寅。

三殺方 大凶。即絶胎養三煞所居之宮也。絶爲刦煞。胎爲災煞。養爲歲殺。絶胎之間爲伏兵。胎養之間爲大禍。二者又爲夾三煞凶忌修方出行上官。月日同例。
寅午戌年亥子丑。申子辰年巳午未。巳酉丑年寅卯辰。
亥卯未年申酉戌。
正陰符　歲干尅坐山所納之甲是也大凶忌動土修造安葬。
帶卦爲傍陰符亦凶。
甲己年正艮巽。傍丙辛。乙庚年正乾兌。傍甲丁巳丑。
丙辛年正坤坎。傍乙癸申辰。丁壬年正離。傍壬寅戌。
戊癸年正震。傍庚亥未。
黃旛　忌嫁娶出行動土凶。
亥卯未年未。申子辰年辰。巳酉丑年丑。寅午戌年戌。

豹尾　忌嫁娶出行凶。
亥卯未年丑。申子辰年戌。巳酉丑年未。寅午戌年辰。

建　爲太歲。如子年子上起建。順行。丑上除。數去。宜出行。忌修造動土安葬移居諸事凶。

除　爲四利之太陽。小吉。宜避匿。

滿　爲土瘟。爲四利之喪門。凶。忌安葬婚姻。又爲天富星。小吉。宜開市。

平　爲三台。又爲土曲。吉。宜平治道途。

定　爲歲三合。吉。宜冠帶安床。又爲魁罡。爲顯星。吉。宜上官。又爲地官符。小凶。忌謁貴。

執　爲四利之死符。宜追捕田獵。　又爲小耗。淨欄煞。凶。忌修方安葬六畜。

破　爲歲破。又爲大耗。大凶。忌修方出行婚姻上官欄枋。

危　爲四利之龍德。又爲極富星。又爲谷將星。吉。宜營建修方。

成　爲歲三合。又爲天喜。吉。宜出行。　又爲飛廉。又爲四利之白虎。小凶。忌延醫。

收　爲四利之福德。小吉。宜署倉廩田獵捕盜。

開　爲青龍太陰。宜婚姻上章。又爲生氣華蓋。又爲官國星。上吉。宜上官開市出行建造。　又爲四利之弔客。小凶。忌安葬。

閉　爲病符。凶。宜安葬。忌修方。

戊己煞　大凶忌修方安葬。
甲己年辰巳。乙庚年寅卯子丑。丙辛年戌亥。
丁壬年申酉。戊癸年午未。
天金神　小凶忌修方出師。
甲己年午未。乙庚年辰巳。丙辛年寅卯子丑。
丁壬年戌亥。戊癸年申酉。
大將軍　凶忌出行上官修方出師宜背之。
寅卯辰年子。巳午未年卯。申酉戌年午。亥子丑年酉。
破敗五鬼　凶歲干納在何卦冲是也忌修方造葬。
甲壬年巽。乙癸年艮。丙年坤。丁年震。

戊年離。　己年坎。　庚年兌。　辛年乾。

年孤虛　歲支後一位爲孤。對冲爲虛。出師宜背孤向虛忌上官。

將軍箭　歲祿前一位爲羊刃。謂之將軍箭。對冲爲飛刃。二者俱全尤凶。忌修方動土。惟八干山有之。忌坐山不忌方與向。世本乾坤艮巽俱有箭非也。四維既無祿又無刃。安得有箭。

月奇神煞

天德方　即天道行方。大吉。上官婚姻入宅出行造葬。諸事吉。

正月丁。　二月坤。　三月壬。　四月辛。　五月乾。　六月甲。

七月癸。　八月艮。　九月丙。　十月乙。　子月巽。　丑月庚。

天德合　大吉。諸事吉。

正月壬。　二月巳。　三月丁　四月丙。　五月寅。　六月己。

七月戊。　八月亥。　九月辛。　十月庚。　子月申。　丑月乙。

月德方　大吉。即三合月官旺之間是也。宜上官出行上表嫁娶動土修造安葬移徙諸事吉。

寅午戌月丙。　亥卯未月甲。　申子辰月壬。　巳酉丑月庚。

月德合　吉。與月德同忌詞訟。

寅午戌月辛。亥卯未月己。申子辰月丁。巳酉丑月乙。

金匱星　吉宜忌與年例同。

寅午戌月午。亥卯未月卯。申子辰月子。巳酉丑月酉。

青龍方　月建上起子順尋辰是也。入此方吉。

華蓋方　月建上起子順尋戌是也。出此方吉。

支德　月建上起子順尋巳是也。宜造葬營建吉。

支德合　與支德相合是也。宜修造動土吉。

月空　宜謀爲獻策動土修造吉。

寅午戌月壬。亥卯未月庚。申子辰月丙。巳酉丑月甲。

天馬　吉。子月起寅順行六位陽辰是也宜遠行出師吉。
毋倉　宜婚姻修造作倉庫吉。
亥子丑月申酉。　寅卯辰月亥子。　巳午未月寅卯。
申酉戌月辰戌丑未。　土王用事後巳午。
大月建　極凶。吉不能制。俱逆行九宮。
甲癸丁庚年正月起艮。　乙辛戊年起中。　丙壬己年起坤。
月家飛宮　打頭火。小凶。忌修造。
月孤虛　與年例同。

日奇神煞

天德　吉與月例同。

月德　吉亦與月例同。

日德　宜上官納財諸事吉。

甲己日寅。　乙庚日申。　丙辛日巳。　丁壬日亥。

戊癸日巳。

天恩　宜上官受封婚姻造葬諸事吉。

正月甲子乙丑。　二月丙寅丁卯。　三月戊辰己巳。

四月庚辰辛巳。　五月壬午癸未。　六月己酉。

七月庚戌。　八月辛亥。　九十月壬子癸丑。

十一月癸亥。　十二月甲子。

天赦　宜釋獄施恩修造移徙吉。

春月戊寅。　夏月甲午。　秋月戊申。　冬月甲子。

五符　即日祿。宜上官出行求財諸事吉。

唐符　祿前八位是也。如甲祿在寅在酉之類。宜與五符同。

國印　祿前九位是也。如甲祿在寅在戌之類。宜與五符同。

青龍　即黃道。半吉。天乙諸星同到全吉。

寅申月子。　卯酉月寅。　辰戌月辰。

巳亥月午。　子午月申。　丑未月戌。

驛馬　宜出師遠行主陞遷吉。

寅午戌月申。亥卯未月巳。申子辰月寅。巳酉丑月亥。

天馬　吉與驛馬同。

寅申月午。卯酉月申。辰戌月戌。

巳亥月子。子午月寅。丑未月辰。

喜神　宜婚姻交易和合諸事吉。

春月戌。夏月丑。秋月辰。冬月未。

生氣　郎開日。正月子順行十二辰又為生神方宜上官出行婚姻修造動土開市栽種諸事吉。

青龍方　子日子上起子。丑日丑上起子。順尋辰是也。入此方吉。

華蓋方　子日子上起子。丑日丑上起子。順尋戌是也。出此方
吉。
孤虛方　甲子旬孤戌亥。虛辰巳。以次類推。出師宜坐孤向虛。
忌上官
月厭　正月起戌。逆行十二辰。對沖為厭對。忌嫁娶。
月殺　忌出行納財開張。
寅午戌月丑。亥卯未月戌。申子辰月未。巳酉丑月辰。
小耗　即執日。正月未。順行十二辰。忌入宅開倉。
大耗　即破日。正月申。順行十二辰。忌納財婚姻出行。
天賊　月建上起乾。順數十二宮。用先天八卦之序。乾兌離震

巽坎艮坤。遇坎即天賊執日是也。忌動土修造入宅開倉。
通書孟月滿。仲月破。季月開。不知何義。

地賊　月建上起乾。逆數十二宮。用後天八卦之序。乾坎艮震巽離坤兌。遇二坎。即兩地賊。平閉日也。忌出行入宅開倉栽種造埜。　通書正七月開。二八月收。三九月危。四十月執。五十一月執。六十二月閉。
又有正七月逢閉。六十二月逢除。

天火　正月子。順行四仲。忌蓋屋宇舍

天獄　與天火同。

地火　正月戌。逆行十二辰。忌栽種。

土瘟　正月辰。順行十二辰。忌動土。

天狗　其方宜忌與土瘟同。

血支　正月丑。順行十二辰。忌針灸。

重喪　忌喪葬。

正月甲。二月乙。三月戊。四月丙。五月丁。六月己。

七月庚。八月辛。九月戊。十月壬。子月癸。丑月己。

刦殺　忌出行。

寅午戌月亥。亥卯未月申。申子辰月巳。巳酉丑月寅。

死氣官符　即定日。正月午。順行十二辰。忌修方。吉多不忌。

飛廉大煞　忌修造婚姻嫁娶。

正月戌。二月巳。三月午。四月未。五月寅。六月卯。

七月辰。八月亥。九月子。十月丑。子月申。丑月酉。

破敗　忌修方。

寅申月申。卯酉月戌。辰戌月子。

巳亥月寅。子午月辰。丑未月午。

披麻殺　正月子。逆行四仲。忌入宅嫁娶。

月獨火　忌出行嫁娶。

正月寅。二月巳。三月申。四月亥。五月卯。六月午。

七月酉。八月子。九月辰。十月未。子月戌。丑月丑。

五墓　百事凶。

正二月乙未。三六月九十二月辰戌。四五月丙戌。
七八月辛丑。十月十一月壬辰。

天吏　正月酉。逆行十二辰。忌上官。

天牢　正月子。順行十二辰。忌出行詞訟移徙。

天雄方
寅午戌月寅。亥卯未月戌。申子辰月申。巳酉丑月巳。

地雌方　天雄對冲是也。出師宜背天雄擊地雌。

致死　正月酉。逆行四仲。凶。

血忌　忌針灸牧養。
正月丑。二月未。三月寅。四月申。五月卯。六月酉。

七月辰。八月戌。九月巳。十月亥。子月午。丑月子。

天罡勾絞　忌出行栽制。

正月巳。二月子。三月未。四月寅。五月酉。六月辰。

七月亥。八月午。九月丑。十月申。子月卯。丑月戌。

河魁勾絞　天罡勾絞對冲是也。忌出行。

月建　正月寅。順行十二辰。忌動土出師。土府同。

死神　即平日。正月巳。順行十二辰。

死氣　正月午。順行十二辰。忌修造動土安葬入宅凶。

大敗　忌營建謀爲婚姻諸事凶。

春寅午戌。夏巳酉丑。秋申子辰。冬亥卯未。

天地争雄　忌出行出師行船凶。

正月巳午。二月亥子。三月午未。四月子丑。

五月未申。六月丑寅。七月申酉。八月寅卯。

九月酉戌。十月卯辰。子月戌亥。丑月辰巳。

天地轉　忌動土修方。

春辛卯天。己卯地。夏壬午天。庚午地。

秋丁酉天。乙酉地。冬戊子天。丙子地。

刀砧煞　忌駕馬作欄枋。

春月亥。夏月寅。秋月巳。冬月申。

四離　春分秋分夏至冬至前一日是也。忌上官遠行。

四絶　立春立夏立秋立冬前一日是也。忌上官遠行。

四窮　忌入宅分居安門。

春。乙亥。　夏。丁亥。　秋。辛亥。　冬。癸亥。

天地荒無　諸事凶。

春。巳酉丑。　夏。申子辰。　秋。亥卯未。　冬。寅午戌。

時奇神煞

天乙貴人　吉與年同。

甲日未丑。乙日申子。丙日酉亥。丁日亥酉。

戊日丑未。己日子申。庚日丑未。辛日寅午。

壬日卯巳。癸日巳卯。

五符　與日例同。

唐符　與日例同。

國印　與日例同。

驛馬　與日例同。

喜神　交易和合諸事皆吉。

甲日寅○　乙日亥○　丙日申○　丁日午○　戊日巳○
己日卯○　庚日戌○　辛日酉○　壬日未○　癸日辰○

明堂黃道　諸事吉忌出師○
子午日酉○　丑未日亥○　寅申日丑○
卯酉日卯○　辰戌日巳○　巳亥日未○

金匱黃道　諸事吉忌出師○
子午日子○　丑未日寅○　寅申日辰○
卯酉日午○　辰戌日申○　巳亥日戌○

天德黃道　諸事吉○
子午日丑○　丑未日卯○　寅申日巳○

卯酉日未。辰戌日酉。巳亥日亥。
玉堂黃道　諸事吉忌泥灶。
子午日卯。丑未日巳。寅申日未。
卯酉日酉。辰戌日亥。巳亥日丑。
司命黃道　諸事吉利晝不利夜。
子午日午。丑未日申。寅申日戌。
卯酉日子。辰戌日寅。巳亥日辰。
青龍黃道　半吉。會唐符諸星全吉。
子午日申。丑未日戌。寅申日子。
卯酉日寅。辰戌日辰。巳亥日午。

三合　子日申辰三合水局之類。宜婚姻交易和合吉。

六合　子與丑合之類。與三合同吉。

時德　與日月德同吉。

春月午。　夏月辰。　秋月子。　冬月寅。

時破　與日對沖是也。諸事凶。

時刑　子刑卯之類。諸事凶。

時害　子害未之類。諸事凶。

時孤虛　時後一位為孤。對沖為虛。出師宜背孤向虛。忌上官。

伏斷　忌嫁娶。

四日宿值日巳時是。　四月宿值。日子亥時是。

上官遷移遠行當
看分野上三奇到否
日時管一日時之動靜
年月管一年月之吉凶
墓刑平執之凶日得
天德月德之合加臨
則不以咎論

四火宿值日寅酉時是。　四水宿值日辰亥時是。
四木宿值日午時是。　四金宿值日丑申時是。
四土宿值日卯戌時是。
以上諸神煞不過曉後人選擇一端。若三奇到合吉門。則神藏煞伏。如上官遷移遠行。當看分野上其年三奇吉門到否。不犯遁甲中凶格爲要。月日時可勿拘也。餘以類推。大抵日時管一日時之動靜。年月管一年月之吉凶。出門時在日時。到彼時在年月。細測以審趨避。則無往不利矣。夫神煞者。輔格之不備也。是以墓刑平執之凶日。得天德月德德合加臨。則不以咎論矣。今擇合理者載之卷末。方爲全書云。凡出行謀爲舉動百事必先於庭中或室內先布九宮於內。又布四維八干十二支於外。察三奇吉門所到之宮天門地戶玉女華蓋所在之處。然而出之。吉無不驗矣。

九宮：一宮坎正北　二宮坤西南　三宮震正東　四宮巽東南　五宮中央　六宮乾西北　七宮兌正西　八宮艮東北　九宮離正南

四維：東西南北

八干：甲乙東、丙丁南、庚辛西、壬癸北

十二支：子、丑、寅、卯、辰、巳、午、未、申、酉、戌、亥、

三奇：乙丙丁

天門：戊為天武天門

地戶：己為六合地戶

玉女：丁為太陰玉女

華蓋：癸為天倉華蓋

十干祿正祿名　見禮部　門

甲為天輔青龍乙為天德蓬星丙為天威明堂丁為太陰玉女戊為天武天門

己為六合地戶庚為天獄天伐辛為天尉天庭壬為天牢天藏癸為天倉

華蓋

○華蓋方　月建上起子順尋成是也出此方吉　見財部月奇神煞

凡出三奇吉门、各有神咒、謹录之以備应用、
乙奇咒曰、天帝神威、誅滅鬼賊、六乙相扶、天道贊德、吾令所行、無攻不克、急急如玄女律令、
丙奇咒曰、吾德天助、前後遮羅、青龍白虎左右、軀魔朱雀道前、使我令他、天威助我、六丙除病、急急如玄女律令、

釋三奇所主

乙奇會休門。宜上官見貴嫁娶移徙商賈營建栽種牧養。不宜斷獄。　乙奇會休者天盤乙奇會地盤休門也。餘倣此。

會死門。宜刑囚破土壞垣捕獵。不宜安葬上官嫁娶。

會傷門。宜納財索債驅龍祈雨不宜上官造葬移徙出行嫁娶謁貴。

會杜門。宜修煉大藥隱跡潛形造藝治病。不宜入宅移徙上官謁貴出行嫁娶牧養栽種。

會開門。宜修造開市納財。將兵利主。不宜遷葬見貴應舉上官嫁娶遠行商賈移徙。

丁奇咒曰、天帝弟子、部令天兵、賞善罰惡、出幽入冥、來護吾身、玉女六丁、有犯我者、自滅其形、急急如玄女律令

會驚門。宜祭風祈雨。不宜追亡索隱獻策投書。將兵以正爲奇。以奇爲正。利主不利客。

會生門。宜營建上官見貴出行嫁娶移徙入宅開墾牧養療病。不宜造葬。

會景門。宜上書獻策拜職遣使燕會上官嫁娶。不宜營建。

丙奇會休門。宜營建栽種。不宜謁貴上官嫁娶入宅商賈祭祀牧養斷獄移徙。

會死門。宜造葬破土折獄理冤。不宜漁獵。

會傷門。宜漁獵追捕索債納財。不宜上官造葬出行移徙投書謁貴。

會杜門○宜修真煉藥塡塞坎穽決獄閉戶造葬治病商賈祭祀○不宜入宅移徙謁貴上官出行婚姻栽種○

會開門○宜獻策謁貴應舉上官出師征伐嫁娶遠行商賈移徙○不宜造葬○

會驚門○宜追亡索隱振陣刼敵獻策投書用間遣諜○伏正用奇○不宜祭祀祈雨○祀一本作風○

會生門○宜起建上官謁貴應舉遠行嫁娶入宅商賈祭祀牧養栽種移徙○不宜造葬○

會景門○宜上書獻策拜職遣使求士招隱上官嫁娶○不宜營建造葬○

丁奇會休門。宜栽種營建納財。不宜上官嫁娶謁貴移徙牧養商賈。

會死門宜釋囚折獄造葬破土。不宜漁獵。

會傷門。宜漁獵追捕索債納財投書謁貴。不宜上官造葬出行移徙婚姻療病祈雨。

會杜門。宜修煉隱跡閉戌祭祀造葬填坎。不宜上官入宅移徙。

會開門。宜建立營壘征伐出師獻書謁貴應舉上官嫁娶遠行商賈移徙。不宜造葬納財。

會驚門。宜追亡索逋刼敵攻虛獻策上章用奇布謀。不宜祈禱。
會生門。宜征伐起建謁貴上官應舉遠行婚姻移徙入宅牧
養。不宜造葬。
會景門。宜獻策招賢遣使拜職嫁娶燕會間諜出奇。不宜上
官造葬營建。
右三奇所主。各有忌宜。所云會門者。即臨宮之謂也。如同
吉門加臨。又當參而論之。

三奇尅應里數、六坎水。二七離火。三八震巽木。四九乾兌金。五十坤艮、土。○說見禮部釋河圖

釋三奇尅應

乙奇作坎臨休門。一六里外見近水酒肆舟楫羣豕之應。乙奇作坎者以乙奇在地盤坎宫也臨休門者天盤乙奇臨地盤休門也。餘倣此。

臨死門。一六里外見有弋禽逐獸近水喪塟之應。

臨傷門。一六里外見覔鹿於林婚姻乘馬之應。

臨杜門。一六里外見叢棘竪木井井往來絶編羸餅之應。

臨開門。一六里外有老人相招酒食美肴下首之馬應。

臨驚門。一六里外。見捕擒盜賊隱伏逃亡之人。月蝕月缺之應。

臨生門。一六里外見猪犬聚鬬填溝塞壑之應。
臨景門。一六里外見殺牛禴祀布置張羅狐走雉飛載鹽乾肉之應。
乙奇作坤臨休門。五里十里外。見執禽覆漿牛馬猪共聚之應。
臨死門。五里十里。見黑土子母牛大衆羣聚之應。
臨傷門。五里十里。見考鼓椎牛雷鳴衆亂大車方輿之應。
臨杜門。五里十里。見窮途失路之人臭土穢物之應。
臨開門。五里十里。見負囊抱帛交易之應。
臨驚門。五里十里。見牛羊聚角農種擔釜之應。
臨生門。五里十里。見產牛或牛觸門犬吠牛之應。

臨景門。五里十里外。見綵色文章。衣裳鮮楚。班毛牝牛陶冶

磚瓦之應。

乙奇作震臨休門。三八里外。見雲龍雷雨考鼓猪鳴之應。

臨死門。三八里外。見誅茅玄黃布帛竹輿之應。

臨傷門。三八里外。見馬嘶騰逸雷震鼓聲草木蕃鮮之應。

臨杜門。三八里外。見繫馬長鳴竿上懸魚之應。

臨開門。三八里外。見老人執杖病足木果陸離之應。

臨驚門。三八里外。見少女口舌。或妓歌唱。折足羊及鳴金之

應。

臨生門。三八里外。見手舞足蹈。或動或止。犬吠鼠啼山徑關

門之應。

臨景門三八里外。見牝牛鳴馬食乾禾。鵲雀羅網甲魚之應。

乙奇作巽臨休門。三八里外。見漁舟並行長弓高車進退徘徊。風濤舟覆之應。

臨死門。三八里外。見繫子母牛。寡髮嫗。爲市交易。利三倍之應。

臨傷門。三八里外。見茂林喬木。白眼人。的顙馬。繩繫被傷之物應。

臨杜門。三八里外。見市罷。門閉。貫魚懸。雞垂楊。萑葦。大風之應。

臨開門。三八里外。見貴人乘馬。三工治木。寡髮老人。白首僧人之應。

臨驚門。三八里外。見高木毀折。金短木長之器。祝神巫。舞甁羊觸藩之應。

臨生門。三八里外。見孕婦於門。林下白犬。果蓏離離之應。

臨景門。三八里外。見火炎嗃嗃。婦人嘻嘻。繫網執戈之應。

乙奇作乾臨休門。四九里外。見矯揉弓輪老薄瘦蹄馬之應。

臨死門。四九里外。見負囊載錢三老聚言之應。

臨傷門。四九里外。見失牛馬援蘆伐竹之應。

臨杜門。四九里外。見釣魚栖雞之應。

臨開門。四九里外。見貴人良馬。金玉圓。刀老人持金長木短之物應。

臨驚門。四九里外。見人聚。妾持虎尾。鈇刄斷。鋤羊馬角鬭之應。

臨生門。四九里外。見閹寺老人小狗大馬金鍘手禁之應。

臨景門。四九里外。見治南金牛馬。聚赤日中天。朱衣錢龜之應。

乙奇作兌臨休門。四九里外。見病羊折角。女巫食鬼。金棍阻車毀折之應。

臨死門。四九里外。見折柄破釜。火嫗少女共處。火輿敗毀之應。

臨傷門、四九里外。見伐竹誅茆。折足之馬。關阡陌。平大塗之應。

臨杜門。四九里外。見枯楊生稊。老夫得女妻。割鷄口食之應。

臨開門。四九里外。見破首老人。鑿冰裁衣。口舌辯言之應。

臨驚門。四九里外。見二少女爭鬪。毀折膚體。二羊相角於小澤之應。

臨生門。四九里外。見徑路山麓。羊羣澤傍狗伏之應。

臨景門。四九里外。見破綱殘書。鑄金缺器。戈兵黃牛葦之應。

乙奇作艮臨休門。五里十里外。見犬吠逐盜。塡溝塞壑之應。

臨死門。五里十里外。見死喪造塋。老婦病牛老之應。

臨傷門。五里十里外。見犬馬渡河。高埠繫馬。士人俛首就食於卑賤之應。

臨杜門。五里十里外。見高人有道之士。或山徑小門。有繫縛白狗之應。

臨開門。五里十里外。見廣街大衢。或老人安止。食果蔬。老馬在門之應。

臨驚門。五里十里外。見少女食果蔬。犬羊聚鬬之應。

臨生門。五里十里外。見重山峻嶺。或堅多節之木。禾黍離離之應。

臨景門。五里十里外。見陶磚瓦窰。室中女娩。雄狗銜甲虫之應。

乙奇作離臨休門。二七里外。見小狐濡尾。中女血疾。河中取亀蚌鱉蟹甲虫之應、

臨死門。二七里外。見集衆刈鑊。戈兵大輿之應。

臨傷門。二七里外。見牛馬元黃。履棱臧趾。膚傷鼻損。網羅蟹鱉之應。

臨杜門。二七里外。見覆釜顛鼎。網雉羅魚之應。

臨開門。二七里外。見斷金。剖玉木果繽紛之應。

臨驚門。二七里外。見惡人及喪馬。并遇故人於巷。口舌毀折

之應。

臨生門。二七里外。見執戈兵生徇息火之應。

臨景門。二七里外。見赤日火起。枯木網罟。田甲之應。

丙奇作坎臨休門。一六里外。見深壑坎窨。心病血疾之人應。

臨死門。一六里外。見獲亡擒盜。穿溝跣犢。錐牛屠猪之應。

臨傷門。一六里外。見林間逐獸。赤馬下首之應。

臨杜門。一六里外。見梏井高樹。長繩曳輿之應。

臨開門。一六里外。見車陷馬隤。有致暴客。老人愁咨之應。

臨驚門。一六里外。見火女嗟嘆。女巫食神。弓翻轅折之應。

臨生門。一六里外。見產難手病。弃人病耳之應。

臨景門一六里外見燔肉食鬼雨雹密雲之應
丙奇作坤臨休門五里十里外見捕盜追亡填壑塞瀆或逆恩
接詔之應
臨死門五里十里外見聚衆紅棺大輿造葬赭裳黃布之應
臨傷門五里十里外見子母牛墮胎或牝牛被傷元黃大裳
之應一本作元黃破傷衆馬壞釜雷震大輿之應
臨杜門五里十里外見括囊結索寡髮白眼老嫗徘徊岐路
之應
臨開門五里十里外見廣大正直之人或健勇馮河之士艮
馬文身方車大釜之應

臨驚門。五里十里外。見毀瓦擊磚。陶冶壞器之應。

臨生門。五里十里外。見窰舍土石。囊盛果蓏持有柄物。牛犬生之應。

臨景門。五里十里外。見兵仗彩色眩目。旌旗布帛之應。一本見字下有醫文身馬斷訟甲冑。

丙奇作震臨休門。三八里外。見雷雨驟至。負乘致寇。遇艮朋。有酒食之應。

臨死門。三八里外。見錐牛掖茅。遇盍簪之朋。有酒食不終日之應。

臨傷門。三八里外。見無雨雷鳴。殷殷遂泥。或鼓聲闐闐不振之應。
臨杜門。三八里外。見田獵無禽。包無魚。持竹執竿繩索之應。
臨開門。三八里外。見車馳馬鳴。劈木決藩之應。
臨驚門。三八里外。見跛足病馬。或男女口舌。少婦歸寧之應。
臨生門。三八里外。見羣居共止。喊笑考鼓。手舞足蹈之應。
臨景門。三八里外。見布羅張網。然炬赤馬。的顙日中見斗之應。

丙奇作巽臨休門。三八里外。見長人漢。船繫馬停。車入坎探魚。入舍執雞之應。
臨死門。三八里外。見造墓女子。竊窺於輿。尼僧徘徊于市之應。
臨傷門。三八里外。見夫妻反目。雉鳴奔徑杵臼機杼之應。
臨杜門。三八里外。見重門深閉。喬林風生。寡髮長股鷄棲魚潛之應。
臨開門。三八里外。見開市交易。金玉圜貨之應。一本貨字下有老僧誦經繩絶解木。
臨驚門。三八里外。見豚魚雌雞。寡髮缺口之應。
臨生門。三八里外。見鴻止於磐。婦三歲不孕。修路高山白眼青猜之應。青一作長
臨景門。三八里外。見大腹廣顙。炙雞乾魚之應。

丙奇作乾臨休門四九里外見桎梏老病龍馬陰雲之應
臨死門四九里外見衆集見貴囊金索寶老人哀病羸馬骨立之應
臨傷門四九里外見跛老徒行鐵馬伐竹斂釧鳴動之應
臨杜門四九里外見喬木斜仆長繩中斷懸梟雉包無魚之應
臨開門四九里外見金魚躍淵艮馬在牖錢刀大聚之應
臨驚門四九里外見虎皮素履首破脣缺金玉等物不完之應
臨生門四九里外見老人執黃牛輦貴人騎馬犬止石傍之

應。

臨景門。四九里外。見老馬繫厩。木果上稿。治金之應。

丙奇作兌臨休門。四九里外。見虛驚不信之言。林木毀折。幽谷叢棘之應。一本棘字下有病夫憂咨中男喪嬪。

臨死門。四九里外。見貴人祭神。大牲折角。囊破帛出老火口舌之應。

臨傷門。四九里外。見斷竹拔旆。破鼓碎玉之應。

臨杜門。四九里外。見白茅之藉。二女夷猶之應。

臨開門。四九里外。見作低金。老人號聲。少女聚言之應。

臨驚門。四九里外。見二妾口舌。兩巫笑悅飲食之應。

臨生門。四九里外。見火男拇腓損折。止於路徑。或牛犬共止之應。

臨景門。四九里外。見執黃牛之草。乾羊之肉。綱羅冶金之應。

丙奇作艮臨休門。五里十里外。見近山臨水。納婦娶女逐盜捕亡之應。

臨死門。五里十里外。見當路停牀。有病者。死狗之應。

臨傷門。五里十里外。見童子鼓手蹻足。坐於門。小馬騎足之應。

臨杜門。五里十里外。見高川寺闕反屬。僧尼處止。白犬童雞小魚之應。

臨開門。五里十里外。見輿脫輻。艮馬止於門。老狗立圓物之應。

臨驚門。五里十里外。見執二篋。手病屠狗之應。

臨生門。五里十里外。見重山野火。少男耕止。不能隨步之應。

一本有伏犬二字。

臨景門。五里十里外。見舍車而徒。朱幢赤鬚大腹巨目少年張羅布網鷹犬之應。

丙奇作離臨休門。二七里外。見病目人。有酒食。網獲甲虫。失牝牛之應。

臨死門。二七里外。見子母牛。老嫗布帛。網羅車象之應。

臨傷門。二七里外。見雷電不雨。考鼓戈兵。白額牝牛之應。
臨杜門。二七里外。見玉鉉鼎。雉伏戈魚之應
臨開門。二七里。外見貴人老馬。冶金木果朱殷之應。
臨驚門。二七里外。見凶暴殘戾之人。裘馬復歸。弓脫虛驚。若
鬼若寇之應。
臨生門二七里外。見鳥焚其巢。喪牛山徑。或笑或號。獲貲得
僕之應。
臨景門。二七里外。見烈日中天。晝電。誅盜之應。
丁奇作坎臨休門。一六里外。見深溝坎穽。心痛病痢。異物形見
之應。

臨死門。一六里外。見耳病車覆。件中非人之應。

臨傷門。一六里外。見林獵無禽。心動耳鳴。蒺藜蓄茂。車行馬步之應。

臨杜門。一六里外。見臼井泥谷。游人弋雞。口病不食之應。

臨開門。一六里外。見老人小有言。渡河未利。穿井開河之應。

臨驚門。一六里外。見車脫輻。女巫食鬼。失羊豢豕之應。

臨生門。一六里外。見築堤安碓。耳病禦盜之應。

臨景門。一六里外。見治病延醫。輪射甲虫。炙肉火酒。喪茀曳輪之應。

丁奇作坤臨休門。五里十里外。見輿屍造墳。塞瀆塡溝之應。

一本有大輿載囊橐布帛老婦乘車之應○
臨死門五里十里外見聚衆子母牛布帛瓮囊之應○
臨傷門五里十里外見馬牛鬪元黃布帛衆動之應○
臨杜門五里十里外見虛邑空舍白楊素服老病高輿衆工囊槖之應○服老二字一作裳長○
臨開門五里十里外見良馬大人金帛上方下圓之物應○
臨驚門五里十里外見缺金殘帛壞裳破囊折角之羊牛群之應○
臨生門五里十里外見伏牛於路門之間果蓏纍纍停車衆止之應○

臨景門。五里十里外。見文鳥罹網。華虫垂翼。羣牛衆兵老嫗陶器之應。

丁奇作震臨休門。三八里外。見弓矢田獵。逐獲三狐。負乘致冠。趾蹈於泥之應。

臨死門。三八里外。見牛馬鳴。玉帛鏘鏘。考鼓椎牛之應。

臨傷門。三八里外。見雷震虩虩。鼓振逢逢。咲言啞啞。馬嘶呦呦之應。

臨杜門。三八里外。見風鳴。高木田射無禽。鷄啼繫馬之應。

臨開門。三八里外。見老人執杖。聲言而來。圓巵時動之物應。

臨驚門。三八里外。見斷竹。羊鳴。折足馬。毀折不全木器。跛足敗履之應。

臨生門。三八里外。見飛鳥遺音。馬止於門。犬行竹茅之應。

一本作竹茅之下。果蔬下垂之應。

臨景門。三八里外。見雷電交作。戈兵鼓甲。文毛馬。白額牛之應。

丁奇作巽臨休門。三八里外。見酒狂漢。躬高笲。入木長繩入淵。曳輪懸棘之應。

臨死門。三八里外。見數人徘徊觀望。長繩修木。白眼之應。

一本作白眼老嫗。繫囊絆車。自裳布釜之應。

臨傷門。三八里外。見人擊有聲之物。夫婦有言。魚躍雞鳴之應。
臨杜門三八里外見風來樹顛貫魚繫鷄之應。一本雞字下有日中爲市四字
臨開門三八里外見富人駁馬繫於長木之上白衣錢刀之應。
臨驚門三八里外見江豚長魚月將望喪馬鶴鳴有日食或泣或歌之應。
臨生門三八里外見征婦悲怨孕婦安止黠喙之禽集於高木叫有防姦之應。
臨景門三八里外見近視眇目之人嘻笑相聚長繩牽網之

應。
丁奇作乾臨休門四九里外。見桎梏老人頭病。開河穿井。矯輮弓輪之應。
臨死門。四九里外。見乘人見貴羣馬布帛金玉囊輿。上圓下方之應。
臨傷門。四九里外。見傷足小病。馬斷金鼓。不耕穫之農。不菑畬之地。喪牛之應。
臨杜門。四九里外。見金梶之繫。羸馬躑躅。或進或退。上圓下長之應。
臨開門。四九里外。見貴人金玉。錢刀寒冰之應。

臨驚門。四九里外。見眇能視。跛能履。不完之金。毀折之玉應。

臨生門。四九里外。見馬止於門。犬號山徑之應。

臨景門。四九里外。見冶金。貴人文書。朱果多孔物應。

丁奇作兌臨休門。四九里外。見蒺藜深溝。口病缺耳。喪妻祭鬼。斷弓折輪。酒食之應。

臨死門。四九里外。見祀莧葛藟。破釜衆女。口舌不食之應。

臨傷門。四九里外。見破鼓折。蘆拔蘭缺。藩斷七敗。筐之應。

臨杜門。四九里外。見破匣壞榼。二女徘徊。老婦得夫。伐木牽羊之應。

臨開門。四九里外。見金玉不完。圓澤。大羊。羊首。戎馬。貴人納妾之應。
臨驚門。四九里外。見二女並小有言。或爭鬬口舌。有口食雞
魚甲蟲之應。
臨生門。四九里外。見山泉犬羊共止。頹寺破門。廢宅壞路之
應。
臨景門。四九里外。見牛革羊皮。敗羅破網。戈兵鑄金之應。
丁奇作艮。臨休門。五里十里外。見山水清幽。逐盜捕亡。手背病
脫桎梏猪犬谷坎之應。
臨死門。五里十里外。見石路山徑。羣犬牝牛。停車囊集。童子
老嫗。撫背捧腹。碩果不食。得輿剝廬之應。

臨傷門。五里十里外。見茂林叢篠。蹻足鼓掌。擊缶磬聲。持莭
持竹之應。
臨杜門。五里十里外。見崇阜高陵。喬木雞犬。童依長女。共止
門內之應。
臨開門。五里十里外。見國邑都會。良馬乳犬。共止道門。闍寺
老人抱頭路側之應。
臨驚門。五里十里外。見山路傾欹。犬羊共止。廢舍破門之應。
臨生門。五里十里外。見山石纍纍。川關峩峩。林几相承。兩犬
伏路之應。
臨景門。五里十里外。見布網山麓。張罝道傍。文犬牝牛止伏

門路。戸立戈兵。甲虫之應。

丁奇作離臨休門。二七里外。見曳網於淵。甲虫離水。目青女人。病牛煦。影雲霧之氣。日中未散之應。

臨死門。二七里外。見陶瓦烟生。甲虫聚羣。布帛光輝。田車歎乘。子母牝牛之應。

臨傷門。二七里外。見畢羅雀華。足動目光。得食犬豕之肉。雷電之應。

臨杜門。二七里外。見林巾風生。𣊬網高木。長矛。白牛。出入進退之應。

臨開門。二七里外。見貴人朱衣。文書。瘠馬。大目。金錢巨牛之

三奇尅應當詳生尅衰旺而加減斷之如神

應。

臨驚門。二七里外。見争鬬。得口食。食乾肉。獲金鉄之物。破甲

聾者之應。

臨生門。二七里外。見牝牛。路止。焚其次。喪其僮僕。門路拾遺。

射雉。亡矢。毋自瑣瑣。有灾自取。巢傾哭號之應。

臨景門。二七里外。見赤日無雲。茀幢明鮮。牝牛戈兵甲虫之

應。

右三奇尅應。當詳生。尅。衰。旺。而加。減。斷。之。如神。

釋八門所主

休門○宜商君謁貴應舉上官移徙嫁娶商賈營建牧養栽種○不宜斷獄行刑○

死門○宜捕獵決刑造葬吊喪驅治邪祟破土壞垣○餘俱不宜○

傷門○宜漁獵追捕索債納財驅妖破廟祈雨興雷○不宜上官造葬出行移徙婚嫁延醫投書謁貴○

杜門○宜修眞煉藥隱跡潛蹤決獄閉戌塡塞坎穽造葬治病祭祀驅妖○不宜入宅移徙上官謁貴出行婚嫁牧養種植○

開門○宜建立營壘征伐出師獻書謁貴應舉上官嫁娶遠行商賈移徙○不宜造葬行政○ 一本有不宜療病禱令○

余演奇門數載亦
似略有所得然所
驗者多世界通行
本不無錯誤之處
自得此冊乃知通
行本誤人不少
儀甫先生藏書
以正之真可
為鼎生寫

驚門宜追亡索隱振陣刼敵用間布諜獻策投書祭風禱雨伏
正用奇餘俱不宜
生門宜征伐起建上官謁貴應舉遠行嫁娶移徙商賈入宅牧
養種植塑像上梁布斗登壇朝眞祭祀不宜造葬治喪
景門宜上書獻策拜職遣使求士招賢燕會行謀出奇致勝突
陣破敵不宜上官造葬嫁娶營建若合奇亦好而不久
右八門所主最忌廹制最喜有氣故曰門門皆吉門門皆凶
得其說則門門皆吉不得其說則門門皆凶要知剛柔順逆
詳測返復刑冲辨墓與旺度奇與門得其吉則顯世高士失
其吉亦湮獵庸人耳

釋八門尅應

休乃坎宮之使。其星一白。故曰吉門。旺於壬癸亥子年月日時。宜利。已載八門所主中矣。

臨坎爲伏吟。主勾曲無足鹽酒弓輪物應。如值安靜出其方。主進六畜添丁水利之喜。如值伏吟犯其方。主耳腎血症吐瀉之疾。隱伏險陷之憂。

臨坤爲門迫。不利有爲。主方長有瓮土器瓶硯物應。犯其方。主田產退散。陰人老婦之憂。

臨震爲和。主根蔕菓實盤盒水車物應。出其方。主進魚鹽豕酒之利。

臨巽為和。主長枝蔬菜。繩帶木器物應。出其方。主合婚交易獲利之喜。

臨中為廹。主方正土器石水器厚金物應。寄乾為義。寄巽為和。出其方。主進益田土。陰人主持得茶鹽酒肉之利。寄坤艮為廹。犯其方。主鬼盜為祟。心耳腎血之疾。

臨乾為義。主圓大盆鏡杯壺珍寶錢刀斧物應。出其方。主大人扶持重得厚利之慶。

臨兌為義。主鐘尊有口破損物應。出其方。主婚姻和悅美言引薦之喜。

臨艮為廹。主土器重石盃盞牙輪水石鼠狐物應。犯其方。主小口耳病血疾泄洩之憂。
臨離爲制。爲反吟主網羅螺蚌文章雉羽物應。犯其方。主夫婦不和目病心腹之疾。
死門乃坤宮之使其星二黑。故曰凶門。旺於戊己辰戌丑未年月日時。
臨坤爲伏吟。主方乘布帛子母牝牛物應。如逢安靜。出其方。主進益財貨田土之利。如値伏吟。犯其方。主老婦陰人災疾死喪之咎。
臨震爲廹。不利有爲。主車轝載土竹苾囊金斧物應。犯其方。主退散田土爭鬪死傷之悔。

臨巽爲迫。主黑鷄長繩農器修竿物應。犯其方。主縲絏囹圄訟鬬刑非之咎。

臨中爲和。主方正土器壘壁厚重物應。寄坤爲伏吟。寄艮爲反吟。寄巽爲迫。犯其方。主死喪疾病之憂。寄乾爲和。出其方。主進田產牛馬之喜。

臨乾爲和。主錢帛衣裳上方下圓衆多物應。出其方。主得遺金進口納產之喜。

臨兌爲和。主鉠釜破囊口腹物應。出其方。主口食喜悅廣進貨帛之利。

臨艮爲反吟。主牛草虎皮土石重厚墳墓所用物應。出其方。

主鬼祟爲災逆上奸犯之咎。

臨離爲義。主文方陶器牝牛甲胄物應。出其方。主文書婚姻之喜。

臨坎爲制。主石舂井欄兼得茶鹽酒豕物應。犯其方。主沉溺桎梏腹病産難之憂。

傷乃震宮之使。其星三碧。故曰悔門。旺於甲乙寅卯年月日時。

臨震爲伏吟。主折竹有聲有足物應。如值安靜。出其方主得子進財。之喜。如值伏吟。犯其方。主破産雷擊之災。

臨巽爲和。主長足善鳴鷄魚筐籃物應。出其方。主進産馬畜生子獲利之慶。

臨中爲制。主杵塤黃鸝上木下土能動能鳴物應。寄巽爲和。出其方。主益財婚姻之喜。寄坤艮爲制。寄乾爲迫。犯其方。主訟獄爭鬪刑傷之悔。

臨乾爲迫。主上木下金圓動頭足物應。犯其方。主傷足耗散長男有災之憂。

臨兌爲迫。爲反吟。主雕刻木器折竹破鼓物應。犯其方。主驚恐毀傷。男女疾病陰人破敗。房屋傾頽之咎。

臨艮爲制。主上木下石鼠狐虎豹物應。犯其方。主動中生非墳山爲害之咎。

臨離爲和。主朱筆置畢刀竹草鮮物應。出其方。主進益財物文書之喜。

臨坎爲義。主近水花卉盖舟弓輪鮮果物應。出其方。主進穀粮財貨水木之利。

臨坤爲制。主杵屐棺墳馬牛物應。犯其方。主肝膽疾病散退田產雷震之灾。

杜乃巽宮之使。其星四綠。故曰客門。旺於甲乙寅卯年月日時。

臨巽爲伏吟。主繩帶雞魚盒扇物應。如值安靜。出其方。主進益財利親上作親之喜。如值伏吟。犯其方。主長女股肱風寒氣疾。爲人牽累之憂。

臨中爲制。主木上土下長高方正雞魚物應。寄巽爲伏吟。寄乾爲反吟。寄坤艮爲制。犯其方。主死喪疾病老少不安之悔。

臨乾爲迫。爲反吟。主金短木長金木相欹。長圓物應。犯其方。主投繯官符。長女災咎之悔。

臨兌爲迫。主繩修金缺口孔長圓能開能閉物應。犯其方。主折桎傾屋。跌蹼毀。折口舌風疾之危。

臨艮爲制。主鷄魚鼠犬繩籐梐板物應。犯其方。主退散家產手股疾病床尸爲祟之患。

臨離爲和。主風爐朱木炙鷄綱畢物應。出其方。主婚姻財利陰人相助之力。

臨坎爲義。主萍藻舟車魚鹽海菜物應。出其方。主和婚交易園浦水利之喜。

臨坤爲制。主形長有腹木土相兼農器物應。犯其方。主股臂沉重退散田土死塟暗昧之咎。

臨震爲和。主長足繩筐竹木相兼能出能入物應。出其方主進戶合婚之慶。

開乃乾宮之使。其星六白。故曰吉門。旺於庚辛申酉年月日時。

臨乾爲伏吟。主金錢圓形衣冠大赤物應。如值安靜出其方主進財貴人扶助之慶。若值伏吟。犯其方主老人災頭面疾之患。

臨兌爲和。主毀折之金圓形。口食物應。出其方。主貴人盼睞
餽送金錢口食和悅之喜。
臨艮爲義。主金釧寶石土金相兼物應。出其方。主宅舍光明。
進益財貨之喜。
臨離爲迫。主刀兵鼎爐綱羅文書物應。犯其方。主老人中女
頭目之疾光恠刑訟之咎。
臨坎爲和。主鉤勺水果圓形物應。出其方。主進財增利大人
扶持之喜。
臨坤爲義。主上圓下方。金土相兼。金錢布帛衣裳衆多物應。
出其方。主廣進金帛婚姻合和之慶。

臨震爲制主上金下木鐘磬鎗筋圓動能鳴物應犯其方主頭足之灾官符刖鑿之厄

臨巽爲制爲反吟主繩錢長圓扇傘矛盒金木相兼能開能閉物應犯其方主縲絏訟獄首股末利之灾

臨中爲和主方正冶器金土相兼物應寄乾爲伏吟寄巽爲反吟犯其方主老人疾病之悔寄坤艮爲義出其方主進喜添丁之慶

驚乃兌宮之使其星七赤故曰咎門旺於庚辛申酉年月日時

臨兌爲伏吟主缺孔金器折刃物應若值安靜出其方主進羊畜牧養蕃息之利若值伏吟犯其方主驚恐爭鬪口舌

疾病之厄。

臨艮爲義。主碎石破門金土相犯。折毀物應。出其方。主進益財物婚姻和悅之慶。

臨離爲廹。主馬爐刀戟缺孔有口大腹綱罟物應。犯其方。主口舌生瘡驚恐光怪爭鬬之灾。

臨坎爲和。主損弓靑輪金水相兼有口中圓帶血狐羊物應。出其方。主進益財物婚姻得子之慶。

臨坤爲義。主上口大腹布帛囊橐牛羊釜磬金玉方缺物應。出其方。主親友扶持進益六畜之利。

臨震爲制。爲反吟。主金木相兼。折戈斷竹箸行物應。犯其方。

主爭鬭驚恐耗散家業之悔。
臨巽爲制。主金短木長毀折股孔扇繩鷄魚物應。犯其方。主
退散破財。房舍傾圮室多孀婦風病之灾。
臨中爲義。主土中金物周正上孔磁碗物應。寄坤艮爲義。出
其方。主進財婚姻之喜。寄巽爲制。犯其方。主風疾孀婦之
悔。寄乾爲和。出其方。主貴人扶助之利。
臨乾爲和。主金玉首飾大赤有口物應。出其方。主婚姻和悅。
貴人提携。進益錢物之喜。
生乃艮宮之使。其星入白。故曰吉門。旺於戊己辰戌丑未年月
日時。

臨艮爲伏吟。主鼠狐虎豹。黔喙黃猎石器厚重物應。如值安靜。出其方主進益田土塋墓室家福庇之慶。

臨離爲義。主牛虎豹。草文身黑喙陶器物應。出其方主文書婚姻婦人相助之喜。

臨坎爲制。主的梶弓輪土水相兼物應。犯其方主背手之病。伏牀莫興訟獄鬼盜之禍。

臨坤爲反吟。主方正厚重土石大腹瓜蓏釜缶物應。犯其方主手股疾病蠶家不寧死喪之咎。股一作腹

臨震爲廹。主筐簍茆竹土木相兼筆牀鞋履物應。犯其方主退散田土。兄弟相侁手足疾病之悔。

臨巽爲迫。主繩帶雞魚瓜果物應。犯其方。主縲絏牽連囹圄困辱臂指疾病之灾。魚一作扇。

臨中爲和。主方正厚重土石物應。寄巽爲迫。寄艮爲伏。寄坤爲反。犯其方。主疾病訟獄之咎。寄乾爲和。出其方。主進益田土之喜。

臨乾爲和。主金玉釵釧錢衣頭首大赤物應。出其方。主貴人相親田産進益之慶。

臨兌爲和。主下缺土器金石相兼物應。出其方。主婚姻和悅進益田土之喜。

景乃離宮之使。其星九紫。故曰灾門。旺於丙丁巳午年月日時。

臨離爲伏吟。主網罟雉翣刀戟尖利物。應如值安靜出其方。
主文書名揚見者欣畏之慶。如值伏吟犯其方主瞽目刀
兵訟獄官符之咎。
臨坎爲迫爲反吟。主網罟魚鱉茶酒椒鹽弓輪物。應犯其方。
主鬼祟桎梏目病血症之灾。
臨坤爲和。主方正陶器爐磚彩色布帛物。應出其方。主進益
牛馬文書合婚之喜。
臨震爲義。主炬燭筆爐有聲竹茆足目能動物。應出其方。主
文書婚姻名揚鄉國之慶。
臨巽爲義。主鼎繩茀蓮文彩長尖物。應出其方。主婚姻文書

兼利之喜。

臨中爲和。主文綵重疊方正坐固火土相兼物應。寄坤艮爲和。寄巽爲義。出其方。主文書刋薦之喜。寄乾爲制。犯其方主文旨干貴之咎。

臨乾爲制。主燭奴火鎭金錢衣幢大赤物應。犯其方。主火灾破財文書官符之悔。

臨兌爲制。主煅煉假金毀缺不完多孔綱目物應。犯其方。主驚恐火灾。文書懊惱之憂。

臨艮爲和。主虎豹牛雉草羽物應。出其方。主文書婚姻進田之喜。

甲遁真授秘集

射終